Sin Plan A

El poder de un nuevo plan en la vida

Sin Plan A

El poder de un nuevo plan en la vida

Lucía Medina

SIN PLAN A: El poder de un nuevo plan en la vida.

México
2021
Primera edición
Español

ISBN: 9798459870084

Índice

Introducción

En este libro, Lucia Medina comenta de modo dinámico y fluido, varios métodos y actividades que te pueden alejar de la ansiedad, la angustia, los temores y la inseguridad. Estos métodos y actividades fueron muy útiles y de mucha ayuda a la autora, por ello los comparte con mucho amor con todos sus lectores.

Sin Plan A es ese preciso momento en el cual se presenta la disyuntiva de la transición entre dejar el plan A que tienes e implantar uno nuevo. Puede resultar, en la mayoría de los casos, el momento más oscuro y profundo del cambio. Pues es aquel plan de vida plagado de insatisfacción, dolor e impotencia lo que te sitúa en la coyuntura y te empujará a salir de allí.

Entonces navegarás en una línea zigzagueante para ir fortaleciéndote y alcanzar el poder necesario para disfrutar tu nuevo plan. Persevera.

Un nuevo plan para tu desarrollo personal, implica ponerse diferentes retos. Piénsalo: ¿cuántas veces te ves a ti mismo soñando en todo aquello que tienes ganas de hacer? Esta es tu oportunidad de realizarlo. Llámales plan B, C, D, E… y si tienes más sueños, echa mano del alfabeto griego y continúa: Alfa, Beta, Gama… todos los que quieras realizar; atendiendo a la dirección dictada por tu mente, corazón y estómago. Al armarlo, elimina todo aquello que te aleja de la felicidad.

Viendo en retrospectiva aquel su Plan A, Lucia Medina reconoce momentos en sombra como equivocaciones, desaciertos, incluso algunas oportunidades no aprovechadas que le curtieron la piel.

Pero eso no es todo. Sabiendo que las palabras no son suficientes en esos momentos de dolor y desesperación, abre su intimidad y nos cuenta varios episodios de su vida donde se ha visto involucrada en todas esas emociones, sentimientos y sensaciones, en conflictos relacionados con el aspecto económico, de pareja, de trabajo o familiares.

No te abandona, te acompaña amorosamente hasta lograr que te acerques a su experiencia espiritual. Hoy ella está segura de que esa experiencia tan emocionante la mantiene en equilibrio, a pesar de los altibajos de la vida. Es decir, en Sin Plan A podrás mirar tus problemas a través de los suyos, les darás otra perspectiva y les verás la solución.

Podrás comprender que todos, en el mundo entero, estamos librando batallas internas en las que lidiamos con numerosos aspectos problemáticos de la existencia y que el esfuerzo realizado para salir de ello es lo que nos fortalece como seres humanos para librar todas esas batallas propias, y las de nuestros seres queridos. Te ayudarás en tus relaciones interpersonales para ayudar.

Sin Plan A – El poder de un nuevo plan en la vida, empieza hablando del YO; es decir de ti lector, para que te ubiques en primer lugar al momento de iniciar un nuevo plan y dar sentido a tu vida.

Sabrás lo que es y no es la resiliencia, pues muchas personas creen ser resilientes cuando en realidad lo que hacen es esconder sus emociones. También aprenderás a ponerte en el presente y a darle valor a tu intuición como parte del autoconocimiento.

Lucía propone que los días grises solamente sean para analizar lo que está pasando a tu alrededor, qué te está restando felicidad, para que te deshagas de ello y continúes siempre adelante y hacia arriba. Advierte además sobre la importancia de buscar apoyo profesional e informa sobre la ayuda psicológica gratuita que ofrecen varias instituciones como la UNAM, así como en línea a través de LOCATEL las 24 horas de todos los días del año. También recomienda buscar ayuda de nutriólogos, médicos, entrenadores de ejercicios y los grupos de autoayuda.

Cada vez que desees un nuevo plan, porque sientas que tu plan de vida requiere un cambio, pon en perspectiva el plan A que tengas en ese momento, usa las estrellas para ponerles el nombre de cada uno de tus sueños y comienza a enlistar las actividades que realizarás para lograrlos. Recuerda que las posibilidades son infinitas.

NOTA: Revisa la información de los códigos QR que acompañan la información leída.

Prólogo

El arte de escribir es un "don" que se nace con él o se puede cultivar cuando la persona se lo propone.

En el caso de mi sobrina Lucy - Lucía Medina - en su naciente e incipiente carrera como escritora, ha decidido escribir sobre variados temas, la mayoría son vivencias propias y la interpretación de tales vivencias, que las da a conocer en forma clara, sencilla y espontánea. Su prosa es entendible para todas las personas que lean sus escritos, los cuales se inclinan hacia la espiritualidad y un deseo supremo de ayudar a los demás.

Deseo que Lucy persista en su labor de esta nueva profesión, que pula y perfeccione la calidad de sus escritos y le auguro un gran éxito en esta nueva etapa y vocación de su vida.

José Benigno Rodríguez Marrufo.

Capítulo 1

YO

¿Quién es YO?

Cuando decimos YO, nos referimos a nosotros mismos, aunque seamos hombres o mujeres. Lo usamos muy ligeramente, pero de acuerdo con algunos Psicoanalistas, es una parte de la personalidad humana, parcialmente consciente.

Podemos aclarar que por momentos no estamos conscientes de nosotros mismos, perdemos de vista y de toda sensación el amor que nos tenemos a nosotros mismos. Sí nos queremos, y sabemos que este ser, este cuerpo, con sus sentimientos, emociones y sensaciones, es para amarlo, para amarlo con todo nuestro corazón, cuidarlo con atenciones, despertando todos nuestros sentidos. Incluso, que ese amor que nos damos a nosotros mismos puede mejorar día a día.

Deseamos que esa sensación tan placentera universal que produce el amor, y más aún el amor que nos podemos dar a nosotros mismos, sea más intensa y por lo menos que se experimente con mucha mayor frecuencia de la que lo experimentamos.

YO, es quien más interesado está en sentir la viva vida; así es, la vida viva, en todo su esplendor y con las personas que quiero a mi alrededor; personas, cosas y logros. Todo eso es YO. Y mucho más: los colores que me gustan, las formas, los aromas, sabores, dimensiones.

En este momento de la evolución humana, YO, encuentra que es necesario poner en orden dentro de sus pensamientos, las emociones y los sentimientos que experimenta, entendiendo, que están conectados entre sí, pero que son diferentes. Es necesario, pues, aprender a conocer más sobre esta parte. Por ejemplo, la emoción de sorpresa puede producir un sentimiento de confusión o efusividad; o causar un sentimiento de interés o de júbilo.

YO, también tiene dentro de su composición emociones como miedo, tristeza, ira, disgusto y felicidad, que le producen sentimientos de muy diferentes formas como optimismo, aburrimiento, evasión, distanciamiento, sumisión, asombro.

Poner atención a esta mezcla que se da al estar conectados, permite a YO, a permanecer en el estado consciente produciéndole seguridad.

Entonces, ¿Por qué en ocasiones no puedo percibir que la vida tiene sólo cosas buenas para mí? Hay muchos días en que siento desde que amanece: la luz, o la brisa y los aromas. Muchos otros de mis días vienen con un manto que nubla las imágenes y pensamientos, pasando gran parte del tiempo con recuerdos que no son agradables. Estas circunstancias nos suceden a todos con mayor o menor intensidad, seamos de donde seamos o tengamos el trabajo que tengamos.

Es parte del ser humano, aunque algunos han mejorado su capacidad de pasar de una emoción a otra. Lo cierto es que si una persona lo puede hacer, significa que esa capacidad ya está inserta en las adaptaciones evolutivas: YO también puede. No lo dudes, ¡hazlo!

YO, es ese que encontramos cuando los ruidos se han ido, y nos concentramos en escucharnos.

Seamos nosotros mismos quienes nos inspiremos para henchir nuestro propio pecho, ya que somos capaces de respondernos. Tenemos dentro de nosotros las raíces de lo que nos sucede, por tanto, también las respuestas.

El momento correcto para cuestionarnos es cuando logramos acallar nuestra boca y nuestra mente. Allí surgen las preguntas correctas a esas respuestas que salen de adentro de nosotros y que nos aclaran poco a poco hacia dónde dirigirnos para encontrar la tranquilidad.

YO, relacionado con términos como psique, ser, alma, consciencia, nos hace entender que es difícil definir quién es YO. Así es que tú, querido lector, eres un ser excepcional que esta compuesto de muchas partes muy importantes, porque todas y cada una de ellas (psique, ser, alma, consciencia) forman tu YO.

Todo ello es YO. Si buscas el balance, respira profundo y enfócate en tu nuevo plan.

¿Por qué YO?

No cabe la menor de las dudas que te esfuerzas por ser mejor, no solo cada día, sino que también en cada momento a lo largo del día. Pones todo tu empeño físico, mental y emocional por hacer ese cambio que ya has detectado que se requiere para estar mejor contigo mismo y poder relacionarte con las personas que deseas, ya sean tus padres, familiares, compañeros de trabajo, jefes, vecinos y, por supuesto, tu pareja.

Sí, pones todo el esfuerzo de que eres capaz, tanto así, que en realidad te agota. Ese día en que te esfuerzas mucho, terminas fatigado y quieres ir a dormir temprano. Eso es normal, el cansancio te hace dormir profundamente por haber obtenido un avance satisfactorio en el logro de tu objetivo. Sientes que mejoraste sustancialmente y estás satisfecho.

Al día siguiente, te pillas realizándolo de nuevo, como si no hubiera existido un mínimo esfuerzo el día anterior. Lo más triste es que las personas que están a tu alrededor piensan que vas empeorando, que has vuelto a cometer el mismo error.

Esto es así, el cambio es gradual. ¿Cómo explicarle a esas personas que el día anterior te esforzaste, no caíste y estabas lleno de satisfacción? ¿Cómo explicártelo a ti mismo?.

Es momento de que te percibas a ti mismo, desde el latido de tu corazón hasta el movimiento de cada uno de tus cabellos.

Día a día buscas el camino de ser una mejor persona. Los sucesos te hacen recordar que hay un algo dentro de ti que quieres modificar, cambiar.

La armonía es nuestro objetivo, porque conlleva al equilibrio

Empecemos por el equilibrio, ...

Identifiquemos si lo que tenemos es angustia, ansiedad o depresión. La angustia es cuando nos sorprendemos pensando en cosas del pasado y que mortifican en exceso. En la ansiedad, los pensamientos son respecto del futuro. Y la depresión es una tristeza profunda. Todo ello en ciertos momentos, puede ser normal, todos podemos vivir o haber vivido alguno de ellos o los tres, todo eso es normal en cierta medida, pero cuando nos produce taquicardia, miedo, o sudoración en exceso y de manera constante, se puede volver demasiado incómodo y muchas veces será necesario acudir con un especialista.

Hay varias maneras de salir de esos estados. En mi práctica personal, me he percatado que es imprescindible ubicarme en el presente. ¿Cómo se pone en el presente Lucía Medina? Me concentro en lo que capta mi sentido del oído. Escuchaste bien, en la medida en que atiendo a cada uno de los sonidos que hay a mi alrededor, mi ser se va ubicando en el presente. Esta técnica es la que me ha funcionado, después de observarme. Puede ser que también a ti te funcione.

Prueba: pon atención a los sonidos de alrededor, trata de agudizar tu sentido del oído para que capte hasta el sonido más débil. Verás que conforme vas reconociendo y disfrutando esos sonidos, el resto del cuerpo irá perdiendo tensión.

También puedes intentarlo con cualquiera de las 7 estrategias siguientes:

1. Haz una llamada a alguien que te agrade y a quien sepas que tú le agradas, una vez al día comunícate con alguien por teléfono para escuchar su voz. Esto te acercará más de lo que permiten los mensajes de texto. Puedes incluir videollamada.

2. Respira profundo y al exhalar suelta los músculos y también el cuero cabelludo

3. Ejercítate. Mueve tus pies y tus manos en círculos y de un lado al otro. Donde estés. Cada hora y cada vez que te acuerdes. Activarás tu circulación. Claro que lo ideal es que hagas el ejercicio que más te agrade, pero puedes empezar con el movimiento de manos y pies

4. Come bien. Disminuye las grasas y los azúcares, poco a poco, no de golpe. En la medida que puedas, empieza tu día ingiriendo proteína.

5. Toma agua, para que las conexiones neuronales hagan su función. El mejor momento, es antes de cada uno de los tres alimentos del día.

6. ¿Te funciona darte un rico baño?, no lo dudes, hazlo a la hora que sea, frío o caliente.

7. Pasa tu lengua sobre los dientes, recorriendo todos y cada uno de ellos, los de arriba y los de abajo; de un lado y del otro. Acto seguido pasa la punta sobre la parte interna de tus mejillas. Dependiendo de tus necesidades, repítelo. Bostezarás y te relajarás. La lengua esta conectada con el nervio vago. Esta técnica, la puedes encontrar con mejor explicación en el siguiente video:

Es importante que cuando realices estas acciones, te observes y selecciones las que más ayuden a sentirte en el presente, en armonía y en paz. Porque recuerda que en los momentos más tensos, sientes como si estuvieras dentro de una burbuja que se ve delgada pero es muy difícil de romper. A mí me funciona, a veces más a veces menos, ponerme en el presente, tal y como lo he explicado.

¿Por qué no a YO?

Cuando vivimos cosas desagradables, nos sentimos muy mal y quisiéramos no estar pasando por ello.

Lo que YO experimente de acuerdo con las circunstancias de la vida, con base en mi experiencia, sucede para nuestra propia evolución individual y así también será colectiva. A pesar de que llevamos millones de años evolucionando, aún no somos el "producto terminado", por lo que es importante entender que debemos trabajar en nosotros mismos para mejorar cada día y aún más en las cosas que menos entendemos, o no queremos aceptar que nos estén pasando.

Considero que debe haber congruencia entre lo que decimos y lo que hacemos.

Esfuérzate por aportar al proceso evolutivo. Entra en silencio y encontrarás el tesoro que eres. Al principio puede que sólo veas un carbón, pero irás descubriendo los brillos ¡el diamante! y ese es el tesoro que tú eres. Es tu YO.

Esa luz brillante te hará sentir mucho mejor y entonces descubrirás que eres tú quien ilumina el universo entero en ese momento.

Ese momento, guárdalo y no lo compartas.

Gózalo tú, disfrútalo tú.

Ríete, báilate, muévete, sal, corre, brinca.

Es un tesoro que debes guardarlo para ti. Porque has encontrado ese hermoso YO. El mejor de los tesoros.

Capítulo 2

Me presento

Lucía Margarita Medina Rodríguez es mi nombre completo, actualmente tengo 54 años; nací en Chetumal, Quintana Roo, México; vivo en Ciudad de México. Profeso la religión católica; soy jubilada del Instituto Mexicano del Seguro Social (IMSS) como Jefa del Departamento de Auditoría a Patrones. También trabajé en el Instituto del Fondo Nacional de la Vivienda para los Trabajadores (Infonavit), en la misma área.

Fui propietaria del Restaurante Sacbé ("camino blanco" en Maya), de comida yucateca.

Soy amante de la naturaleza. Me gusta bailar, escuchar música; caminar, hacer ejercicio; cuidar mi alimentación y saber de nutrición; hacer amigos; ayudar a otras personas. Estudiar, aprender cosas nuevas. Viajar, ir a los mercados de los pueblos.

Habiendo nacido y crecido en Chetumal, todo ocurre en un ambiente tranquilo y mayormente seguro. Por parte de mi padre tengo ascendencia Libanesa. Mis padres se divorciaron siendo yo de 6 meses de edad y mi hermano de 2 años. Entonces, fuimos a vivir a casa de mis abuelos maternos donde también conviví de cerca con mis tíos y primos. Mi mamá se casó nuevamente y nos fuimos a vivir a una linda casa de madera que eran las que se estilaban allí. Yo tenía 5 años. De este matrimonio tengo dos hermanos más y me han hecho muy feliz desde que nacieron.

Mi papá también se casó de nuevo y de su tercer matrimonio, tengo el gusto de tener tres hermosas hermanas que quiero mucho. Cabe agregar, que tengo dos hermanos más. También son hijos de mi papá.

Mi mamá procuró que también tuviéramos convivencia con mi familia paterna, y lo agradezco.

Fui una alumna generalmente con muy buenas calificaciones, por lo que cuando cursaba la secundaria, al final del segundo año, me eligieron como una de las tres abanderadas para algunas de las ceremonias cívicas de los lunes; por lo que tuve el honor de llevar la bandera durante el tercer año. Otra actividad extraordinaria de ese período, es que fui Jefa del Grupo "C" el segundo y tercer año, encargándome de los reportes que solicitaba la prefectura, así como del control del fondo en efectivo que entre todos los estudiantes juntábamos.

Fue en segundo cuando tuve mi primer novio, Iván Alpuche Castillo. Todo era emoción. Desafortunadamente él reprobó ese curso y desde el tercer año cada quien estuvo en diferente salón. Nuestra relación duró seis años y medio. Aunque el último año y medio estuvimos la mayor parte del tiempo separados por los rompimientos, lo cierto es que poco más de cinco años fueron muy divertidos. El fue a visitarme a mi casa TODOS los días de 7 a 9 de la noche. Lloviera, tronara o relampagueara. No fallaba.

Todos los viernes y los sábados pasaba por mí en el auto de su papá, e íbamos a bailar y siempre éramos de los primeros en pasar a la pista y descansábamos poco tiempo. En seguida a seguir bailando. Buenos tiempos. Los domingos, algunas veces, lo acompañaba a algún partido de fútbol soccer del equipo de su colonia, o íbamos al cine y posteriormente a dar vueltas por el bulevar y cenábamos algo antes de que me llevara de nuevo a mi casa.

La preparatoria ofrecía salir con una carrera técnica, tomé la opción de Turismo. En una ocasión uno de los maestros de contabilidad seleccionó a cuatro de nosotras para que trabajáramos en su despacho y pusiéramos en práctica las lecciones de la clase, en la rifa yo fui la afortunada. Con lo que, a la edad de 17, empecé mi carrera en el área contable financiera. Mi mamá se negaba a darme permiso para trabajar; decía que yo no iba a querer seguir estudiando una vez que empezara a ganar dinero. Ella estaba totalmente equivocada, porque a mí me gusta estudiar, yo tenía claro que una de mis metas era estudiar por lo menos una carrera universitaria. De la preparatoria, me gradué como Técnica en Turismo.

Mi novio Iván dejó de estudiar en el segundo semestre y a pesar de que le insistí que continuara, él ya no quiso. Se dedicó a trabajar. Se compró una moto y salíamos de paseo.

Era antisocial. No le gustaba que fuéramos ni siquiera a las reuniones con los ex compañeros de la secundaria, asistimos a un par de ellas y eso porque le insistí mucho. Tampoco quiso ir conmigo a las reuniones de mi grupo de la preparatoria. Me llevaba y luego iba por mí, pero no entraba.

Posteriormente estudié la Licenciatura en Contaduría, ambas carreras en el Instituto Tecnológico de Chetumal.

En 1986 fui Reina del Carnaval representando a dicho Instituto. Fue una contienda muy divertida y la ceremonia de coronación ¡aún más! Sobretodo cuando me presentaron al Rey Feo, porque en verdad que lo era jajaja. Feo pero divertido y bailador. Aunque conmigo únicamente bailó la pieza de apertura de la fiesta, porque mi novio me acaparó.

En la celebración se llevó a cabo el tradicional concurso de comparsas y hubo de todo los ritmos. Sanas diversiones de mi juventud.

Y ni qué decir de los días del carnaval: desfilaba yo, saludando a todos desde la parte más alta del carro alegórico, enviándoles dulces, confeti, serpentinas y besos. Y también bailando principalmente ritmos caribeños. Súper divertido ¡Cómo olvidarlo!.

A los diez y nueve años, gracias a mi mamá, inicié mi carrera profesional en el Instituto Mexicano del Seguro Social en el área de Captura de Datos del Departamento de Sistemas, cuando aún no habían suficientes computadoras personales para todo el personal. Cursaba yo el tercer semestre de la licenciatura. Continuaba estudiando y trabajando y disfrutaba mucho ambas cosas, no se me hacía pesado; cansado en algunas ocasiones, porque además, el aseo de la casa era mi tarea doméstica; pero nada que me impidiera irme los viernes y sábados a bailar a las discos de moda como *Zarahuac* o *Antares*. ¡Oh Dios! Pura diversión. Muchas ocasiones coincidíamos mi hermano Hassan y yo, cada quien con su grupo de amigos y cada quien en su mesa. El su rollo y yo el mío.

Así transcurrió mi vida: trabajando, estudiando y bailando.

Iván cambió de moto, compró una más potente y grande. Aunque perdió varios empleos, finalmente entró a trabajar con plaza como Cartero, en el Servicio Postal Mexicano. Empezamos a hablar de matrimonio y acordamos que tomaríamos parte de nuestros sueldos para ahorrar y así lo hicimos. Incluso compré un comedor que me gustó mucho y algunos artículos decorativos. Mi tío Pepe me hizo favor de prestarme su bodega.

Un abogado de nuevo ingreso al IMSS proveniente del norte del país, empezó a mandarme flores a mi lugar de trabajo y aún cuando le dije que tenía novio lo hizo en varias ocasiones más, yo las dejaba allí en la oficina.

Por esa época, mi relación con Iván ya se había empezado a deteriorar debido a sus celos y rompíamos. Uno de esos días que fui a la disco Antares con mis amigas, me sacó a bailar el Ingeniero Edgar García Campos, quien resultó ser profesor de la carrera de Informática de mi escuela, así es que en ocasiones llegaba por mi salón y platicaba con mis amigas y conmigo.

Iván y yo nos reconciliamos, y no tardaron en decirle que un maestro de la escuela me estaba mandando flores a mi trabajo ¡Qué enredo! La gente ni sabe bien las cosas y anda de chismosa. De inmediato fue a mi casa, justo antes de que yo saliera hacia la escuela; era la tarde. Nunca había llegado a esa hora y me sorprendió mucho escuchar el ruido de la moto.

Enojado me dijo:

—Ya me enteré que hay un "maestrito" que te envía flores a tu trabajo, así es que a partir de hoy ya no vas a seguir estudiando, no volverás a ir a la escuela. Alcancé a replicar que eso no era cierto, pero con lo enfadado que estaba, no me escuchaba y simplemente se limitó a repetir la sentencia. Se dio la media vuelta y se fue. Yo me quedé totalmente atónita, allí parada en el portón de la casa viendo cómo se alejaba en su moto. Un momento después reaccioné ¡Se hacía tarde para irme a clases!, tomé mis libros y fui como todos los días.

Él, que nunca de los nunca había querido entrar a la escuela por ningún motivo, así fueran festivales sociales o deportivos, ¡esa noche entró! Fue hacia mí, y me dijo:

—¡Te dije que ya no vengas!

—Eso no lo voy a hacer, porque quiero seguir estudiando. Además, lo que te dijeron no es cierto, te puedo aclarar lo que pasa. —Le respondí, determinante. Fuimos a otro sitio y cuando le platiqué la verdad, empezó a pedirme perdón, pero ya no quise nada más con él. Esa noche terminamos definitivamente.

Seis meses después, en la boda de una de mis mejores amigas, la mamá de ella me presentó al mayor médico cirujano Luis Victoria Vera, miembro del Ejército Mexicano, quien llegó al batallón de Chetumal por un año para hacer "filas" (este es un requisito para tener derecho a que el ejército les permita estudiar una especialización médica en el sistema educativo de esa institución; así, los médicos conocen la vida militar). Él llegó a Chetumal a fines de agosto y lo conocí el 21 de octubre de 1988. Me cayó un tanto mal, porque en Chetumal tenemos diferente costumbre al bailar, toda vez que allí se baila por "tandas" y en la Ciudad de México por "pieza". De acuerdo con su costumbre, al terminar la pieza que pasamos a bailar, me tomó del codo y me dirigió hacia la mesa. Me pareció mal educado. También medio presumido con las cosas "de la Ciudad" ¡Bah!

Al día siguiente llamó a mi casa. La noche anterior, al despedirse, pidió mi número telefónico; al responderle que no tenía, me replicó: "las niñas bonitas tienen teléfono" y eso me gustó, así es que se lo di, jaja.

Yo, que fui de las últimas en salir de la fiesta, a la hora que él llamó, seguía durmiendo. Mi abuelita Lucía le informaba. No coincidimos.

La siguiente semana, el profesor de una de las clases a las cuales falté el viernes, me dijo que si no le justificaba la falta, quedaría firme. La mamá de mi amiga me dijo que fuéramos con el doctor que me había presentado para pedirle un justificante. Así lo hicimos y de allí no me soltó. Claro, después de explicarle que no por falta de voluntad no tomé las llamadas del domingo temprano, sino que estaba durmiendo a esa hora. Supo a qué hora terminó la fiesta para mí, junto con la familia de mi amiga. Aclarado el punto, retomamos la comunicación ya que se ofreció él mismo a llevar el justificante a mi casa, entonces tuve que darle mi dirección.

Llegó a casa por la noche, a dejar el documento, y se quedó a platicar con mi abuelita y conmigo y al despedirnos, accedí a su petición de visitarme más seguido.

Al poco tiempo nos invitó a mi abuelita y a mí a ir de paseo un domingo a Bacalar. Paseo que disfrutamos mucho los tres. Todo un caballero. Él tenía 24 años y yo 21. Fuimos a las instalaciones del balneario que el Ejército tiene en ese lugar.

Para ese entonces, me había comprado una moto y en ella andaba. Era modelo Elite, hecha para mujeres. No me importaba subirme con minifalda y en tacones. Era feliz.

Cerca del mes de frecuentarnos me pidió que fuera su novia y acepté.

Al concluir mis estudios universitarios, tuve la oportunidad de ascender y acepté el puesto de Jefe de Documentos al Cobro en el Departamento de Tesorería de la Delegación Quintana Roo en Chetumal, lugar que ocupé unos 6 meses y entonces acepté la Contraloría del Hospital General de Zona, con mucha más responsabilidad, pero claro, mejor sueldo. Era mucha la presión del trabajo y aún así lo disfrutaba, pero lo único que me mantenía alerta, era el cuidado de los recursos financieros, ya que habían personas interesadas en malversar los fondos. Es increíble como hay ingenio para eso.

Trabajar en un hospital es muy interesante, se conoce toda la labor que allí se desarrolla en beneficio de la salud de los seres humanos. Tuve la oportunidad de recorrerlo todo porque dentro de mi ámbito de acción estaba el control de los inventarios, así es que en muchas ocasiones hacía recorrido sorpresa junto con el encargado directo. Verificábamos la existencia del equipo asignado a las diferentes áreas. Hay camaradería dentro del personal de salud y se apoyan entre todos, especialmente en el área de urgencias. Otra manera de conocer el hospital por dentro fue un día que enfermé fuertemente de una gastritis nerviosa muy aguda que requirió mi hospitalización. ¿Ya ven? les digo que el cuidado de los dineros me traía con mucho pendiente.

Así escuché la historia de las almas que vagan en pena en los hospitales, aunque nunca tuve ninguna experiencia extrasensorial, y eso que en ocasiones iba los sábados a trabajar y en el área de oficinas no había nadie más que yo. Pero las historias son divertidas, sobre todo por las caras que ponen los que aseguran haberlas vivido.

Llegó diciembre. Específicamente el 23 de diciembre. Salí a dar una vuelta al bulevar en mi moto y entonces veo a mi flamante novio con una mujer sentados en la barda del bulevar pero mirando hacia el mar con las cabezas agachadas, medio jorobados. Me extrañó mucho y me di la vuelta. Corroboré que sí era él. También vi que dentro de su auto estaba una señora, y de inmediato supuse que era la mamá de ella.

Regresé a mi casa.

Al rato llegó a visitarme como si nada. Después de saludarnos, le pregunté por lo que había visto, y se asustó, no sabía qué responder. No imaginaba, ni remotamente, que estuve ahí. Quiso negarlo y nomás no pudo. Le miré fijamente a los ojos y no le quedó de otra más que confesar. Era la novia que dejó en la Ciudad de México. Dijo que según él habían terminado, pero que ella insistió en ir a pesar de que le advirtió que no llegara a Chetumal. Yo no le creí ni media palabra y terminé con él, a pesar de que insistió mucho en que eso no tenía presente ni mucho menos futuro. El asunto es que el 24 llegó también el papá. Supe que ellos regresaron a Ciudad de México y de inmediato, ya lo tenía de vuelta en mi casa y no se fue de allí, hasta que me convenció de que eso ahora sí se había terminado y que quería seguir conmigo.

En el mes de enero llevaron el batallón de Chetumal a la sierra de Chihuahua a "maniobras" por cuatro meses. Me pidió que lo esperara. La espera fue tolerable puesto que me llamaba dos o tres veces a la semana desde una caseta telefónica en el pueblo y me escribía todos los días. Todos. Y yo le escribía a él. En todas sus cartas me decía lo importante que estaba siendo en su vida. Que en verdad me amaba.

Regresó e inmediatamente fue a verme al trabajo. Todo sucio del viaje en tren por cuatro días y con las botas enlodadas. Con tremendo bigote. Ya había tomado aspecto de norteño jajaja. ¡Me encantó tanto verlo de nuevo!

Empezó a ir conmigo a los aerobics jajaja era el único hombre y además hacía los movimientos súper graciosos, ¡ooh! ¡Cómo nos divertíamos!

Llegó agosto, se cumplía el año de prueba en filas.

Cuando faltaban dos días para que se cumpliera el plazo y se fuera a empezar su especialidad, me dijo que el nuevo Secretario de la Defensa, aumentó el tiempo de las mencionadas "filas" a dos años. Que no se autorizaba ni un solo movimiento. Ni siquiera su papá, siendo General de División, pudo lograr que el Secretario autorizara su cambio a la Ciudad de México. La instrucción ya estaba dada, todos permanecen en sus lugares.

Me pidió que siguiéramos siendo novios y le dije que no, que yo ya me había hecho a la idea de que él se iría y que eso terminaría, a lo que con extrañeza replicó:

—¿Y por qué terminaría?

—En la Ciudad de México está tu futuro, el hospital donde quieres trabajar, tu familia, tus amigos. —Le contesté.

Nuevamente me convenció de continuar nuestro noviazgo y con muchas aventuras y alegrías pasó otro año.

Al finalizar, dijo que quería que le esperara por un año, el primero de la especialidad, ya que era el más difícil al ser guardias de 36 horas por 12 de descanso. Que al cabo de ese año, volvería por mí. Y así sucedió.

En el inter, nos visitábamos durante nuestras respectivas vacaciones.

Acordamos cómo y dónde sería la boda. La boda por lo civil se llevó a cabo en el Registro Civil ubicado en el Hospital Central Militar en diciembre de 1991. Celebramos en casa de los papás de Luis, junto con mi mamá y su esposo, mis hermanos, mis tíos que viven en esa ciudad, la familia de él y algunos amigos médicos.

Con el Acta de Matrimonio, en mi trabajo solicité cambio de adscripción a la Ciudad de México.

Una coincidencia inolvidable fue que el día que llegó mi cambio, 4 o 5 meses después de solicitarlo, no cabía en mi alegría y pensé que al llegar por la noche a casa le llamaría para darle la buena noticia, y pues sucedió una agradable sorpresa, ya que él me llamó a la oficina, muy contento porque le acababan de autorizar la ocupación de un departamento en la nueva Zona Habitacional Militar ¡El mismo día! Estábamos muy contentos.

Para el casamiento por la Iglesia, mi hermoso vestido lo confeccionó Landy, la esposa de mi papá, que en paz descanse, y se celebró en agosto de 1992 en la Parroquia del Sagrado Corazón de Jesús en Chetumal. Fue una ceremonia muy emotiva y la recepción bastante divertida entre lágrimas y risas.

Mi cambio laboral fue al área de Auditoría a Patrones con un nivel 32, siendo que como Contralor del Hospital era nivel 36, pero eso era lo de menos, lo único que yo deseaba era estar con mi amor, con mi esposo.

En nuestra intimidad, puso mucho empeño en que yo lograra alcanzar el orgasmo, me estuvo guiando noche a noche. Una vez alcanzada la cumbre, disfrutábamos mucho nuestra sexualidad y también yo supe guiarle a lo que sentía que me gustaba más. Un día me dijo: somos gente desinhibida y yo pensé: *¡Ah! ¿No es así?*

Seguí trabajando y con los ejercicios aeróbicos. Hacía de comer todos los días, porque este hombre comía a cuatro tiempos y la mesa debía parecer bufete. Agua del día, diferentes salsas, quesos y sin faltar los frijoles. Y nada de repetir comida del día anterior. Además me gusta mantener limpia la casa y en orden. Yo lavaba y planchaba la ropa sobre todo sus batas y camisas de los uniformes de militar y de médico. Todo eso por lo menos un año y medio antes de aceptar a una señora que fuera una vez a la semana a ayudarme en algo de la casa.

Un dato curioso: el primer domingo de recién casados, le hice de desayunar huevos a la mexicana con ricos frijoles refritos, salsa verde y jugo todo preparado por mis manitas. El segundo domingo preparé hot cakes con miel de maple y de abeja. Cabe mencionar que, entre semana, él prefería desayunar en el comedor para médicos del Hospital Central Militar, lo que yo agradecía mucho puesto que debía salir hacia mi trabajo a las 6:45 a.m.

El tercer domingo, preparé todo para unos chilaquiles, algo nuevo para mí porque en Chetumal no se estilan. Yo estaba muy emocionada con el desayuno, pero él me dijo:

—yo quiero hot cakes.

— ¿Ah si? —Contesté yo.

Dijo que los de la semana pasada le habían gustado mucho y quería más, que los chilaquiles los podríamos almorzar más tarde.

El cuarto domingo, a pesar de haber preparado algo rico para el desayuno, el prefirió de nuevo los hot cakes.

Así fueron todos los domingos en el desayuno. Tooodoos. Jajaja, Con ricos y deliciosos hot cakes, ya que él los prefería.

Primero eran dos los que comía, luego eran tres y en muchas ocasiones hasta cuatro se llegaba a comer jajaja, ¡qué divertido! Por supuesto que aprendí a hacerlos de muy variadas maneras, todas ellas deliciosas. Cuando quieran les paso las recetas.

Una vez graduado de otorrinolaringólogo, el ejército lo becó por 3 años (1995 – 1998) para hacer una sub especialidad en los Estados Unidos y eligió Otología en la Universidad de Iowa, donde aprendió a realizar cirugías de la base del cráneo e implantes cocleares. Yo fui con él cuatro meses después, cuando me otorgaron el permiso en mi trabajo; fueron dos años y ocho meses muy felices para nosotros.

Tuve la fortuna de inscribirme en la misma Universidad para estudiar Finanzas y Computación a nivel posgrado. Con ello el IMSS me becó por dos años sin goce de sueldo, pero con generación de antigüedad, algo que sigo agradeciendo mucho. Mi esposo me dijo: "Checa bien eso que vas a hacer porque aquí las colegiaturas son carísimas y si la Institución no te lo va a pagar, mi beca no va a alcanzar para cubrirlas". Me lo repitió varias veces, eso lo ponía nervioso. Yo quería estudiar allí, era una gran oportunidad tener diplomas de esa Universidad, así es que anduve indagando. Conseguí una beca del 70% en la misma escuela ¡Wow! Estaba yo súper encantada y no lo podía creer. Me causaba mucha felicidad, gozo y entusiasmo. Me motivó mucho a realizar mi mejor desempeño.

La primera semana que llegué a Iowa entré a clases de inglés en la escuela comunitaria y a los tres meses me incorporé también al International Women's Club (Club de Mujeres Internacionales), por una módica cuota. Mujeres de muchos otros países del mundo comparten sus experiencias y vivencias. Entonces me enteré de que con mi Visa *Esposa de Estudiante Extranjero*, tenía derecho a solicitar permiso para trabajar. Por lo que de inmediato hice mi solicitud, no sin antes escuchar la voz de mi esposo, diciendo que "tenga mucho cuidado con eso que iba yo a hacer para que no le vaya a causar algún problema con el Agregado Militar en la Embajada, ni con su visa, y mucho menos con el ejército". Igual, me lo dijo una y otra vez. Al cabo de un mes, llegó mi permiso y yo brincaba de alegría y bailaba solita. ¡Qué emoción tan grande! Poder trabajar en los Estados Unidos. Mi alegría era enorme, estudiar y trabajar en ese país y ganar en dólares ¡Yupiii! Jajaja. Mi esposo no lo podía creer pero también se puso feliz y lo festejamos juntos. Al siguiente día, saliendo de clase de inglés, fui a una empresa reclutadora de Recursos Humanos, Kelly Services Inc., donde solicité empleo ya sea como capturista de datos o auxiliar contable. A los tres días me llamaron. Mi primer empleo fue de captura de datos. Sólo fue por dos meses y medio y se terminó el trabajo. En menos de una semana, me llamaron como auxiliar contable en Fru-Con Construction Corporation, constructora que hacía todo lo relacionado con el mantenimiento de la planta de Procter and Gamble en esa ciudad. Estuve allí por casi dos años.

Todo era para nosotros al igual que es la vida en los Estados Unidos: trabajar. Luis estaba dedicado a estudiar por largas horas, la competencia con otros estudiantes de muchas partes del mundo es fuerte. Estuve estudiando y trabajando, y por las tardes preparaba la cena y el lunch para llevarnos al día siguiente

Nos gustaba asistir a la Biblioteca y obteníamos material para ver durante la semana, libros y videos. Ya desde entonces, los norteamericanos realizaban videos de todo y para todo. Por ejemplo: en un video aprendí cómo hacer mi maleta para viajar por Europa, incluso dependiendo de cuáles países fueras a visitar ¡Fantástico! Esa costumbre se intensificaba en el otoño y más aún en el invierno ya que las temperaturas llegaron a -25° C y mucha nieve que duraba casi seis meses. Nevaba y nevaba. Vivimos varias tormentas de nieve. ¡Qué bonito es ver nevar y también amanecer y ver todo blanco! Lo difícil era las veces que se congelaba el agua de la nieve derretida y varias ocasiones me resbalé caminando en la banqueta, así mismo, en una ocasión se me patinó el auto, fue una experiencia aterradora porque avanza y no responde a los frenos, al contrario se resbala más ¡Tremendo susto!

A principios de 1998 fuimos de paseo a Europa por 21 días, por supuesto inolvidable. Tuve la oportunidad de regresar en 2017 por un mes. En ambos viajes visité a mi prima Melina.

Desde el primer domingo en Iowa, mi esposo dijo: "Vamos a ir a misa". Yo aunque sorprendida, lo tuve por buena noticia, porque antes, él no quería ir a misa. De inmediato me aclaró que sería en la Iglesia Mormona, puesto que se había bautizado en esa religión. No cabía en mi asombro. En los cuatro meses pasados antes de mi llegada, un compañero de trabajo le invitó, a él le gustó y aceptó. Finalmente pensé: misa es misa, así es que ¡vamos!

No tengo más que comentarios positivos para dicha comunidad; pasamos extraordinarios momentos con todos y cada uno de ellos; siempre alegres y con la mano extendida para ayudar en cualquier momento. Por ejemplo, pasado el tiempo de la beca y ya para regresar a México, a pesar de conocer a algunos mexicanos, sólo ellos se ofrecieron a ayudarnos con la mudanza y la venta de las cosas. Buenas personas en verdad. Sin embargo, yo quería escuchar mi misa. Entonces, pasado un tiempo, empecé a ir a la Iglesia Católica, después de acompañarle a su servicio. Dentro de la comunidad mormona, los más allegados a nosotros, en dos ocasiones me dieron las lecciones del plan de evangelización que ellos manejan y no fui convencida de cambiar mi religión. La primera vez objetaron que debido a que las lecciones fueron en inglés, que tal vez no alcancé a comprender el mensaje. A pesar de que les insistí que sí entendí, su obstinación fue mayor. Y la segunda ocasión expusieron en español. El resultado fue el mismo, me negué a cambiar de religión. Pero sí me gustó conocer más de ellos y lo agradezco.

En mi trabajo en Fru-Con Construction Corporation, obtuve un ascenso ya que pasé del área de Nóminas a la de Cuentas por Pagar, con su consiguiente aumento de sueldo, jeje, eso me dio mucha satisfacción y alegría. Y por mi parte la responsabilidad de hacer mejor mi trabajo cada día.

Seguía estudiando y las clases de Finanzas me llevaban un poco más de tiempo y esfuerzo, a pesar de ya haberlo estudiado, ya que resultó ser el mismo plan de estudios que maneja la UNAM en él área de posgrados. No tenía problema ni con las clases ni con entender los procedimientos, pero sí me preocupaba no entender bien alguna pregunta en los exámenes y en vez de calcular el valor actual, lo llevara a futuros, y hacerlo todo al revés con la consiguiente mala calificación. Al final, aprobé la materia. Asimismo la de computación.

Tuvimos la oportunidad de recorrer varios estados de ese país, en ocasiones fuimos a visitar a varios de sus compañeros que estaban haciendo también una subespecialidad en otras Universidades u Hospitales. Los conocí a ellos, a sus esposas y a sus hijos. A pesar de los clásicos inconvenientes de los viajes y sobretodo por ir en auto, fueron buenos paseos, divertidos y de mucho aprendizaje.

Obtuve un nuevo ascenso en el trabajo, ahora me encargaba de ambas áreas, tanto la de Nóminas, como la de Cuentas por Pagar. Sí, así es, con su respectivo aumento de sueldo, jeje. Ahorré mucho del dinero que gané allí.

Nos metimos a clases de golf ¡Me gustaban tanto! Como saben, amo la naturaleza y disfrutar del green me hacía no faltar a las clases por nada. O simplemente ir a practicar tiros con los diferentes palos.

También tuvimos bicicletas y salíamos a recorrer las hermosas calles de esa apacible ciudad.

Todos los martes íbamos Luis y yo a casa de un médico a la lectura de la Biblia. Tanto el Antiguo como el Nuevo Testamento. Ellos eran Presbiterianos, otra pareja Luteranos, nosotros, Católica y Mormón, y otra pareja de origen oriental eran Budistas que deseaban conocer del Cristianismo. Hacíamos un buen análisis, ya que el médico era un gran conocedor. Excelentes experiencias. Cada semana una pareja llevaba de comer algo típico de su país. La comida mexicana fue muy bien aceptada. Delicioso todo.

Asimismo, en el ejercicio de julio de 1997 a junio de 1998, me otorgaron el cargo de Tesorera en el International Women's Club, con lo que yo manejada los recursos económicos, tanto la caja chica, como la chequera. Todo movimiento se me tenía que reportar, con la respectiva autorización por parte de la presidente, una economista de Polonia, esposa de un estudiante de Doctorado en Violín, que manejaba el Club con mucho profesionalismo. Fue una experiencia gratificante y conocí de cerca a varias jóvenes de otros países; nos invitaban a mi esposo y a mí, a reuniones con sus comidas típicas y platicaban de cómo era la vida en sus países en lo laboral, social y familiar. Se interesaban mucho en todo lo mexicano.

En una ocasión vivimos en carne propia la experiencia de un tornado ¡Qué miedo! Estábamos viendo un programa en la televisión un tranquilo domingo. Y de repente se empezaron a escuchar las alarmas de la tele en la que apareció la información de los Condados hacia dónde se dirigía, y allí apareció el nuestro ¡Horrible! Todo lo que nos habían dicho que debía uno hacer en esos momentos, ¡se olvida! Bueno, terminamos en el sótano del edificio con un par de cobijas y agua, escuchando el estruendo de las cosas que llegaron por los aires quién sabe de dónde y caían (luego vimos que se destruyeron). Poco a poco llegó el silencio. Después de un rato, salimos con nuestras bicicletas y vimos un verdadero caos. Tiradero de cosas por todos lados. Como a dos kilómetros de donde vivíamos, se formó un surco de aproximadamente metro y medio de ancho y ochenta centímetros de profundidad. No tengo idea de la longitud. Afortunadamente sólo sucedió en ese Condado una vez durante nuestra estancia. Algo que puedo testificar, es que en ese país, ante situaciones como estas, la población no espera a que venga el Municipio (Gobierno) a limpiar las calles; ellos mismos hacen la limpieza y se organizan sin egoísmos para ordenar los desechos. Nosotros hicimos lo propio. Me gusta eso.

Sin darnos cuenta pasaron los tres años.

Al término de la beca de Luis por el ejército, presenté mi renuncia a la constructora y el gerente me ofreció que me quedara a seguir trabajando para Fru-Con Construction Corporation, que la compañía se encargaría de ayudarme con el papeleo legal. Sin embargo, ni pensar en separarme de mi esposo y yo hacer mi propia carrera. Les di las gracias. Después de una divertida despedida con mis compañeros de trabajo en un lindo restaurante, me retiré. Dejé el casco y los zapatos con punta de acero.

Luis y yo empezamos a hablar de tener hijos y acordamos que regresando a México, tendríamos el primero.

Iowa era considerado el Estado más tradicional de los Estados Unidos, en aquel entonces. Mayoritariamente agrícola con una gran producción de maíz y con la mayor industria de cerdos del país. Una vez al año hacen un gran festival donde se lleva a cabo el tradicional concurso del puerco más grande y son en verdad impresionantes. Los puentes en Madison County son realmente bellos.

De regreso a México...

Al llegar a México me incorporé de nuevo a mis actividades de auditora en el IMSS.

Mi esposo y yo compartíamos muchas expectativas y muchas ganas de hacer cosas novedosas con las ideas que trajimos de Estados Unidos. Fue invitado a poner consultorio con otros otorrinolaringólogos, en uno de los mejores hospitales de la Ciudad de México, pero él pronto se dio cuenta que sus ideas eran diferentes a las del resto del grupo y tomó la decisión de separase de ellos.

De inmediato, puso en marcha su idea, ofreciendo un sistema que resultó ser atractivo para los médicos participantes.

Fueron muy emocionantes cada uno de nuestros nuevos planes. Juntos repartíamos volantes en las esquinas de los sitios donde se instalarían los consultorios. Los domingos íbamos él y yo desde temprano. El primer domingo fuimos cerca del mediodía y pronto llegaron los candentes rayos del sol que verdaderamente queman. Así es que en las siguientes ocasiones, empezamos mucho antes. Con gorra, manga larga y protector solar.

Fue mucho trabajo, ambos cumplíamos todos los días con nuestros empleos y después íbamos a los consultorios por las tardes. Pusimos dos, uno en el norte de la ciudad y otro en el sur, un día íbamos para un lado y otro día para el otro. Súper agotador y más para mí, que al llegar por la noche a la casa debía preparar la cena y, ya saben, la mesa debía parecer bufete. Esta parte la disfrutaba mucho porque me gustaba darle de cenar, era momento de mucha interacción entre nosotros con todo lo acontecido durante el día.

Se empezó a tener tremendo éxito profesional y también económico, con el sistema implantado.

Aunque era un trabajo en equipo, reconozco que las ideas y la visión de negocio, eran por mucho, de él.

Una tarde, comentamos con su familia nuestra decisión de tener hijos, él dijo que quería una niña y que se llamaría Jimena, que la combinación con el apellido Victoria causaría un impacto en todas las personas y la voltearían a ver.

Ya habíamos empezado a intentar tener a nuestra hija y a los pocos meses Luis me comunicó que había decidido no tener hijos. Traté de que cambiara de opinión, le hice ver que yo sí quería, que lo haríamos bien, que no temiera, que todo saldría bien.

Nada. Todo fue infructuoso. Lloré mucho y en diferentes ocasiones le volví a tocar el tema. Él siguió diciendo que no. Yo dejaba pasar un tiempo y regresaba al punto, pero él cada vez se ponía más enojado.

Empecé a pensar que aún sin hijos seguíamos siendo una familia, así es que terminé aceptando.

A pesar de aceptar no realizarme como madre, tampoco me daba mi lugar como su esposa. Era en vano que le pidiera romper la rutina, aunque fuera de vez en cuando. Los sábados, ya muy noche, al regresar de la jornada, íbamos a cenar y los domingos pasábamos la mañana y la tarde juntos. El resto del domingo estudiaba medicina, invariablemente. Es un médico bien preparado y muy reconocido en el medio. Lo recomiendo como profesionista.

¡Ay! ¡La rutina ni cómo romperla! si él estaba trabajando siempre.

Primero puso un centro de consultorios, luego otro, luego un tercero, el cuarto... llegaron a ser seis. Cada vez era más trabajo y más problemas laborales con los empleados.

Empecé a demandar más tiempo para nosotros, pero eso no pasaba. Lo único que pasaban, eran los años.

Llegó el día en que me harté. Me harté de ser un mueble más en la casa y vivir con dolor e insatisfacción. Desde mi corazón y estómago, sabía que eso no era lo que quería.

Así es que decidí comprar un departamento para irme y no se lo dije a nadie, ni a mi sombra. Un par de amigas se enteraron de que lo compraría, pero les hice creer que sólo era una inversión. Los sábados por las mañanas me daba algunas vueltas por colonias cercanas a mi trabajo y empecé a tomar nota de las opciones. Encontré una que me gustó. Me dijeron que en tres meses me lo entregarían y fue siete meses después que tuve las llaves en mis manos.

Durante esos siete meses dejé de pedirle a mi esposo tiempo, atenciones, distracciones, realizar actividades juntos. Él empezó a llegar cada vez más tarde a la casa.

Algo pasa que el ímpetu se agota.

Aunque ya tenía la llave y la decisión tomada, dar el paso no era tan fácil como me lo imaginé. Creo que por ello enfermé de una fuerte gripa.

El siguiente domingo él insistía en ir al museo a ver la exposición temporal que estaba concluyendo ese día. Yo no tenía ganas de salir por lo mal que me sentía, así es que por primera vez le dije:

—Ve tú

Regresó hasta cerca de la media noche. Entonces pensé: llegó el momento.

En medio de la discusión, mencionó el tema del divorcio. Lloré porque una cosa es pensarlo y decidirlo, y muy diferente es enfrentarlo. Muy diferente.

La semana transcurrió "normal" y para el siguiente fin de semana fuimos al festejo de uno de sus familiares. Al regresar a casa, le propuse la manera en que podíamos hacer la división de las propiedades que teníamos en común al momento del divorcio y, aunque dicha propuesta le gustó, sorprendido me dijo:

—¿Cuál divorcio?

—¡El nuestro! —Le contesté.

—No hagas caso de eso, fue una discusión y nada más —Me dijo.

—Para mí no fue una discusión simplemente.

—Por favor, déjame estudiar, eso fue solamente una discusión.

Mi decisión ya había sido tomada con anterioridad, así es que esa gota del domingo anterior derramó el vaso. Apresuró el proceso.

El fin inició su curso. No supo que ya había comprado un departamento. Me pidió que me quedara en la Unidad Militar donde vivíamos puesto que era un lugar seguro; que él se iría.

Allí permanecí un año, mientras estuve haciendo arreglos al mío.

Pasados unos siete u ocho meses, le comuniqué que ya no quería seguir viviendo en la Unidad Militar, que firmáramos el divorcio. No quiso. Le insistí varias veces y no quiso.

Quería irme ya a disfrutar mi nuevo depa, mi nuevo plan. Por lo que le pedí que firmáramos un acuerdo de separación. Al no gustarle la propuesta de acuerdo que le presenté, quiso que se elaborara otro pero con su abogado, a lo que accedí. En la oficina de su abogado, empezaron a redactar un nuevo acuerdo que mi abogada alegaba a cada rato, pero yo aceptaba las condiciones. Llegado el momento de las firmas, él se levantó y se fue sin firmar.

Después de insistirle durante unas semanas más, finalmente le informé que de cualquier manera me iría.

Un buen día hice mi mudanza. Sólo llevé mi ropa y zapatos, pero toda la firmeza de que saldría adelante con mi propio esfuerzo. Dejé todo el mobiliario. Estuve endeudada por un par de años porque para mi depa, compré todo nuevo.

Le llamé para informarle que le dejaba las llaves del que fuera nuestro departamento en el adorno de afuera.

Te invito a que escuches la siguiente canción

Sin Plan A: El poder de un nuevo plan en la vida.

Sin Plan A: El poder de un nuevo plan en la vida.

Capítulo 3

¿Qué pasó después?

Había estado concursando para ocupar el puesto de Jefe de Oficina de Visitas Específicas que estaba vacante y obtuve el ascenso. Lo festejé con mucha alegría. Con ello mi jornada de trabajo aumentó a diez u once horas diarias.

También comencé a estudiar una Maestría en Dirección del Capital Humano en la Universidad del Valle de México, aprovechando que el IMSS realizó convenio con esta Universidad. Así es que estuve muy ocupada estudiando y trabajando con mucho entusiasmo para llegar a las metas que nos pedían las autoridades centrales.

Durante una revisión ginecológica de rutina, el médico me detectó el síntoma de un tumor en la base del craneo que se estaba formando. Solicitó una tomografía de silla turca. Le informé a mi esposo (no teníamos el divorcio aún), con el fin de ser a tendida en el Hospital Militar. En ese estudio, nuevamente entendí la teoría de la relatividad, ya que dentro de ese aparato sin abrir los ojos, con diferentes sonidos ruidosos que cambiaban cada cuatro o cinco minutos, media hora me pareció una eternidad.

Le pregunté:
—¿Te vas a quedar viudo?

—No —Contestó mientras me miraba extrañado.

—En su caso, primero nos divorciaremos. Porque son más atractivos los viudos que los divorciados.

No dijo nada. Como que el chiste no le hizo ni fu, ni fa. Jajaja, se que sí le gustaban mis chistes.

A la siguiente semana regresé con mi médico ya con los resultados del estudio, y me recetó un medicamento que tomé tres veces al día, por un año. Fui muy disciplinada en atender sus instrucciones. Después de eso me dio de alta, al ya no haber signos del síntoma. Doy gracias a Dios.

A los dos años, obtuve el grado de maestra, al terminar los estudios en Administración del Capital Humano. Fueron largas horas de estudio e investigación, y muchos desvelos. En una emotiva ceremonia me entregaron el Grado y la Cédula Profesional.

De inmediato me inscribí a clases de Tango que era una de las cosas que había pospuesto *por falta de tiempo*. Me encanta. No es nada fácil, es necesario mucho equilibrio y para ello se fortalece el abdomen con los ejercicios previos de calentamiento. La letra de las canciones, la música, el ritmo, los vestidos y por supuesto los zapatos. Bueno, yo feliz. Hace un par de años fui a la Patagonia y en mi paso por Buenos Aires compré tres pares de zapatos especiales para este baile y me súper encantan. Por supuesto retomaré las clases.

Con el fin de obtener actualización en Auditoría, Contabilidad y Fiscal, comencé a asistir a la Asociación Mexicana de Contadores Públicos, A.C. En algún momento una amiga me presentó al contador público certificado Jaime Segura López, quien impartía cursos de actualización del área de Auditoría, así que en general me interesaban y gustaban sus charlas. Llegamos a coincidir en varios eventos de la Asociación y no fue sino hasta un año después que me pidió que le acompañara a la boda de su prima. La fiesta fue súper divertida y a las cuatro de la mañana éramos de los últimos en salir y pasamos por unos tacos al pastor antes de que me regresara a mi depa.

En poco tiempo ya éramos novios y nos divertíamos mucho. Él era súper simpático, con una gran sonrisa, alto, delgado, siempre impecablemente vestido, muy elegante y bien perfumado, pero lo que más me gustaba era su amorosa mirada y sus cálidos abrazos.

También era el Presidente de la Academia de Auditoría de la Universidad Nacional Autónoma de México. Daba cursos a empresas y viajaba mucho a diferentes Universidades, donde participaba en mesas redondas o impartía sus cursos de actualización.

Varias veces le acompañé a la Universidad de Colima y del Estado de México, entraba al curso como participante porque me gustaba aprender de las actualizaciones.

Empecé a pasar los fines de semana en su departamento, iba desde el viernes por la noche al salir de mi trabajo y los lunes regresaba desde allí. La pasábamos súper bien, no había rutina con él, todos los fines de semana eran diferentes aunque estuviéramos dentro del depa; en ocasiones le ayudaba a preparar material de auditoría para alguno de sus cursos. Disfrutábamos mucho de la música que ponía desde temprano, iba subiendo el ritmo según pasaba el día y bajando según llegaba la noche. Me apodaba *molcajete*, porque decía que "muelo" mucho, jajaja.

No todo es perfecto. Le gustaba tomar todos los días, hasta siete o nueve cubas diarias y aunque nunca lo vi borracho ni haciendo majaderías, no pude evitar comentarle de ese hábito cuando me propuso matrimonio y su deseo de que tuviéramos una hija. Lo entendió y desde ese momento le bajó considerablemente tanto a la cantidad de alcohol de cada cuba, como al número de copas. Y continuó el proceso de dejar ese hábito.

Durante el año y medio que fuimos novios, le acompañé a dos de las temporadas de las corridas de toros que eran su pasión. Tenía su lugar fijo en la barrera de sol. Así es que las veces que consideraba que la corrida sería buena, allí estuvimos. Una ocasión cayó tremendo aguacero y simplemente nos pusimos el impermeable, yo tiritaba de frío.

Fuimos a muchas e interminables fiestas donde bailábamos mucho. Con el ritmo de paso doble, hasta nos abrían pista para vernos bailar. ¡Ah, qué divertidas fiestas pasábamos juntos!

Toda su familia eran igual de platicadores y alegres, personas agradables todos ellos.

En el trabajo, todo iba muy bien, ya estaba estudiando otra maestría bajo el mismo esquema, para la Administración de la Capacitación del Capital Humano. Al comienzo de la segunda maestría me ascendieron nuevamente, ahora para ocupar el puesto de Jefe del Departamento de Auditoría a Patrones. Mi jornada laboral subió a 12 o 13 horas diarias y la responsabilidad mucho más.

En alguna ocasión al revisar una empresa importante descubrimos, junto con el equipo de auditores a mi cargo, la existencia de más de tres mil trabajadores que ese patrón no los tenía inscritos al Seguro Social.

El patrón no quería pagar sendas sumas de adeudo, ya que era una práctica que venía aplicando en muchos años. Debido a que no logró convencernos de disfrazar su adeudo, empezó a tocar otras puertas dentro de la institución, pero ninguna se abría. Hasta que llegó un día que una puerta de uno de los Jefes se abrió, y éste empezó a hostigarme a través de una persona de su confianza. Fueron dos años de tolerar las presiones que ejercían sobre mí para cerrar el expediente; argumentaban "que no existían los elementos que determinen relación laboral". La presión era continua, pero me mantenía firme. Hoy sé que pude resistir gracias al apoyo de jefes, operativos y normativos. Así es que siguiendo lo establecido en el Manual de Procedimientos, se emitió una nueva auditoría por un periodo adicional. El patrón estaba furioso y regresó a las puertas de ese Jefe.

Casi de inmediato, tuve una nueva Jefa directa y las circunstancias fueron diferentes. Era amiga de aquel jefe que sí le abrió las puertas a ese patrón. Cerca de un mes después, esta Jefa me pidió que me retire de las instalaciones, que tenía 10 minutos para tomar mis pertenencias personales y salir. Le pregunte por qué y simplemente dijo que me estaba dando una instrucción y que debía acatarla. No lo podía creer. Entré como en una burbuja y dejé de percibir sonido alguno. Ella me insistía. Yo la escuchaba como a lo lejos.

En un momento reaccioné, y con el dolor de mi corazón tomé mi bolso. Ella me acompañó a la salida.

Más de 21 años de servicio.

Mi Jefe normativo intervino, pero las Leyes Laborales, no le permitían a él hacer algo al respecto.

Lloré un río, no podía parar de llorar. Y lloré y lloré.

Me sentí desesperada, desesperada al límite, sentía que no sabía hacer nada diferente a auditorías del IMSS ¿De qué viviría? ¿De qué trabajaría si no se hacer otra cosa? Llamé a todos mis familiares y amigos de Chetumal para pedirles trabajo.

Al mes, las llamadas del banco por no haber pagado la mensualidad de la hipoteca de una casa que escasamente tres meses antes a esto adquirí, no se hicieron esperar. Sólo había yo dado dos pagos y para la tercera ya no tenía cómo pagar. De desesperación pasé a la angustia y la ansiedad.

Todos mis ahorros los había dado en el enganche con el fin de solicitar menos cantidad de préstamo. No tenia nada de efectivo y sí ya dos quincenas sin recibir ingreso alguno.

Tuve que contratar a un abogado para mi defensa ante el despido injustificado. Entonces, le hablé a mi ex esposo. Era el primer año después del divorcio. Le comenté lo que había pasado y también se enojó. Afortunadamente, me ofreció su ayuda para poner un negocio en la Ciudad de México. Me solicitó que revisara qué tipo de negocio quería y toda la investigación de mercado, así como el plan de trabajo. Me apoyó para poner un restaurante de comida yucateca. Justamente esa semana antes de recibir su apoyo económico, comí solo huevos con muchas tortillas. Ya que no tenía dinero. Estuve desesperada de pensar que por alguna razón se pospusiera el negocio. Pero no fue así, gracias a Dios. A la siguiente semana tal y como lo acordamos me dio gran parte del dinero para la inversión inicial. De inmediato fui a comer. Fue una torta y "me supo a gloria".

Gracia a su orientación como hombre de negocios pude darle el enfoque adecuado para lograr los objetivos. Me dio una casa que acababa de rentar justamente a un lado de una de sus clínicas y también se hizo cargo del pago de la renta del primer año ¡Lo agradezco tanto!

El éxito llegó más pronto de lo esperado. Tenía buena venta toda la semana y los sábados y domingos se llenaba todo el día. Incluso la primera venta se realizó en menos de 10 minutos de haber abierto la puerta del primer día; ni Alejandra, la Mayora, con toda la experiencia que tenía en el ramo, lo podía creer. Esa primera venta, la entregué en las urnas de la Parroquia de Cristo Rey - San Judas Tadeo, de la colonia Las Arboledas, a una cuadra de mi local, y di gracias a Dios por su amorosa bendición.

Era mucho trabajo. Hacía las compras y llevaba el control administrativo y parte del contable, así como también me convertí en suplente de todas las categorías, ya que si alguien faltaba a trabajar, yo hacía ese trabajo, sea mesera, ayudante de cocina o lava loza. Lo hice con mucho gusto y agradecimiento de tener un empleo. Así como también de ponerme al corriente con la hipoteca y pagarla puntualmente cada mes.

Pronto los mismos comensales pidieron servicio por las noches y puse en el área de estacionamiento un carrito de tacos de cochinita, machacados y marquesitas. También fue un éxito. Por supuesto, más trabajo y líos con el personal.

En la inundación de 2009 que se dió en las colonias Las Arboledas y Valle Dorado, perdí mi auto. Me encantaba y lo cuidaba mucho, era una PT Crusier. Ni modo. Afortunadamente lo tenía asegurado y me dieron una parte de su valor real con lo que pude comprar otro auto, aunque pequeño, para poder ir a las compras de los insumos para el restaurante. Gracias a Dios, mi personal y yo salimos ilesos después de haber pasado la noche en el restaurante.

Casi para terminar el segundo año de mucho trabajo, el dueño de la casa me pidió que la desocupe, puesto que su sobrino la quería para poner un restaurante de cortes argentinos ¡así con la mano en la cintura! como si mi trabajo agotador de esos dos años no hubieran servido de nada. Luis me insistió que no me fuera, que la Ley me protegía con un año más de ocupación, pero no quería líos de abogados.

Tuve que buscar otro local. En medio de la tristeza, sabía que también estaría bien donde quiera que fuese.

Lo encontré cerca de allí y tuve la fortuna de que todos mis clientes me siguieron. Le doy gracias a Dios que también en el otro local tuve éxito.

Un buen día, Ceci, una amiga muy querida, me informó que el Infonavit, requería aumentar su capacidad normativa en el área de Auditoría a Patrones. ¡Justo la experiencia que yo tenía!

En menos de tres meses fui contratada con plaza definitiva en dicho Instituto. Y me hacía muy feliz poder aportar toda esa experiencia de tantos años. Ambas instituciones, pilares de la seguridad social de mi país. En el Infonavit, tuve a mi cargo siete estados del país, las Delegaciones de: Chiapas, Oaxaca, Guerrero, Michoacán, Aguascalientes, Tlaxcala y Jalisco, por lo que viajaba constantemente para supervisar las auditorías a los patrones. Amé esta época de mi vida, la disfrutaba muchísimo al poder transmitir todo lo que se pudiera de mi experiencia a los auditores, les daba consejos para detectar omisiones y cualquier duda que tuvieran, siempre les apoyaba; asimismo, conocer tanta gente dedicada a su trabajo con profesionalismo y compromiso institucional. Lo volvería a hacer encantada de la vida.

En el restaurante se me incrementó el trabajo al coordinarlo con mis nuevas actividades ya que mi horario en el Infonavit era de 8 a.m a 5 p.m, pero al ubicarse retirado de mi domicilio y sobre todo por haber coincidido con la construcción del segundo piso del periférico, debía de salir a las 5:50 a.m para poder pasar por el único carril que dejaban de seis que eran, donde se hacía el cuello de botella —yo prefería llegar a la oficina a las 7:30 a.m, que no llegar a tiempo ni encontrar estacionamiento; y por la tarde una hora de regreso, en total eran 13 horas desde que despertaba. Todos los días me ocupaba de los encargos de la cocina y pasaba por las compras a las bodegas, eso era lo usual. El control administrativo se atrasaba durante los días que pasaba supervisando alguna Delegación, pero a mi regreso me ponía al corriente.

Al año, eché a trabajar también él área del jardín y a la mayoría de mis clientes, les encantó. Con ello se dio servicio a siete mesas más.

Así fue durante cerca de tres años, con muchas diversiones principalmente los días de la secretaria, día del padre, día de la madre, con variedad yucateca, con su característica música de Jarana y las bombas ¡Y ni qué decir del último año cuando los viernes y sábados por la noche se habilitó con bar familiar y también karaoke! ¡Pura diversión!

Debido a que generalmente vestía con los trajes típicos de Yucatán, dejé de usar mis joyas durante ese tiempo, y para un día especial las busqué, cuál fue mi horrible sorpresa de que ya casi no quedaba nada de ellas. Así es que para dar con el ladrón, instalé unas cámaras y di aviso a las autoridades.

Armamos un plan que dio en el clavo; era la señora que me ayudaba a hacer el aseo del área que había habilitado como descanso para mi papá y para mí. Entregué los videos de dos semanas de grabación a las autoridades y a ella la llevaron a los separos puesto que claramente se veía que abría los cofres, sacaba alguna joya y la metía en la bolsa de su pantalón. Sus familiares pagaron un 70% del monto robado y la liberaron con mi consentimiento. Perdí el 95% de mis buenas joyas que la mayoría habían sido adquiridas en los Estados Unidos. Además eran lindos obsequios y recuerdos. Trato de no recordar mis joyas, porque es triste perder varias piezas que eran realmente bellas.

Al tiempo de hacer un nuevo contrato para un cuarto año, la dueña me informó que la renta de $19,000.00 mensuales, se incrementaba a $35,000.00. No hubo manera de llegar a un acuerdo, a pesar de que fui yo quien le consiguió el uso de suelo comercial para su propiedad. Al protegerme la Ley puesto que el aumento no debe rebasar del 20%, entonces me pidió el local para entregarlo en dos meses. Sabía que lo que le interesaba era el permiso legal para la venta de bebidas alcohólicas, ya que sólo yo lo había podido obtener en toda la Calzada de los Jinetes en su naciente desarrollo comercial, por ser restaurante con ambiente familiar .

No es tan fácil concluir un negocio de un momento a otro en dos meses, es poco tiempo para saber dónde moverse y sobre todo liquidar las cuentas por pagar a los proveedores y el finiquito de los empleados sin descuidar las obligaciones fiscales. Finalmente desocupé cinco meses después. La Licencia correspondiente de Restaurante Bar, fue cancelada por las autoridades municipales, puesto que ya no pagué los derechos correspondientes. La dueña se enojó mucho porque lo que más valía era dicha Licencia y de la nada, me entabló un juicio por daños en su propiedad por $400,000.00 ¡qué descaro! Al cabo de dos años, el resultado me favoreció. Protección Civil Estatal extendió la Constancia de no existir daño estructural alguno. La sentenciaron a ella a devolverme íntegramente el depósito en garantía. Sentencia que hasta este momento no ha cumplido, pero yo sí gasté en abogados más de $40,000.00

Lo mejor de más de cinco años trabajando en el restaurante fue que mi papá estuvo allí, apoyándome. Fue la primera vez en mi vida que viví bajo el mismo techo con mi papá. Pasamos momentos inolvidables que recuerdo con mucho amor. También las buenas amistades que entablé y que aún continúan. E inolvidables los encuentros amorosos entre Jaime y yo al terminar la jornada y cerrar el restaurante. Le dimos uso a las mesas, sillas, pasillos y escaleras también. Delicioso. Me sentía en armonía.

Te invito a que veas y escuches el siguiente video:

Jaime falleció y ha sido muy triste para mí

¡Oh Dios! ¡Qué nostalgia!

Te invito a que veas y escuches los siguientes videos:

Pasó el tiempo.

La llamada del Abogado Laboralista me llegó un buen día: informó que la Secretaría de Trabajo, ordenó al IMSS a reinstalarme en el mismo puesto, con las mismas condiciones de trabajo que tenía al momento del despido injustificado, así también a reconocer todo el tiempo que duró el juicio, como tiempo laborado actualizando mi antigüedad y con el consiguiente pago de sueldos.

Después de que el Gobierno descontó el 35% por conceptos de impuestos, con el remanente pagué el 33% por los honorarios al abogado, que hasta ese momento no había cobrado ni un solo peso. Cabe decir que nunca he hecho un pago con tanto gusto, como lo hice con los honorarios de este abogado que me defendió.

Ya traía en mente la idea de tener un hijo por mi cuenta propia y con el dinero que recibí, inicié una serie de estudios para el procedimiento *in vitro*, al cabo de once meses me fueron implantados tres embriones y "pegaron" dos de ellos. Lloré de felicidad al hacerme la prueba de embarazo con el resultado positivo. Verdaderamente fui la más feliz del universo. Mucha emoción fue ver en el ultrasonido, cómo iban creciendo los sacos de cada uno de ellos. Compré ropa y zapatos adecuados para pasar los siguientes meses cómoda.

Te invito a que escuches y veas el siguiente video:

Desafortunadamente, pasadas diez semanas, ya no se escucharon los corazones.

Para mí, el tiempo se paralizó y el universo entero dejó de expandirse ante los gestos del radiólogo en el ultrasonido.

Su lenguaje corporal indicaba que estaba buscando algo que no encontraba, subió el volumen del equipo y no aparecía lo que buscaba. Y buscaba y buscaba. Salió, llamó a mi médico quien no tardó en venir y tras un cuchicheo entre ellos, me pidió que pasara al consultorio donde me dio la terrible noticia. Como autómata fui a mi camioneta. No encuentro las palabras para describir el sonido de mis gemidos del llanto provocado por el intenso dolor que invadió todo mi ser. Lloré desgarradoramente. Es indescriptible. Aún ese llanto no cesó el intenso dolor.

Dos días después, un ocho de mayo de 2014, me practicaron el legrado.

Entré al mundo de la adopción.

El médico de la Clínica de Fertilidad me ofreció hacer de nuevo el procedimiento sin pago alguno de sus honorarios. Después de pensarle unos días, opté por iniciar el proceso para una adopción. No tenía la menor idea de que sería el comienzo de una etapa de ansiedad, sentimientos desconcertantes y conocer un submundo lleno de lágrimas.

El procedimiento es bastante largo y lleno de escenarios tristes tanto para los niños como para los que deseamos adoptar. Cuando finalmente te califican como "apta", resulta que pasas a formar parte de una larga lista de personas que están esperando un hijo o hija. Además, aunque las Leyes Mexicanas permiten que las mujeres solteras, adopten, le siguen dando preferencia a los matrimonios. Y ¿Saben qué? Ahora estoy de acuerdo, algo que aprendí es que la participación de los varones es muy valiosa en el desarrollo de la familia y de los hijos en particular. Los hombres poseen habilidades que las mujeres no tenemos y juntos se da un equilibrio que es el que permite a los hijos ahondar en sus propios caminos en todo este proceso evolutivo.

Son años de espera para quienes deseamos ser papás y también son años que pasan los niños allí creciendo sin ser adoptados debido a interminables procesos legales para declararles la orfandad.

Acudí a varias casas hogar. Iba con mucha ilusión y regresaba triste, por las diferentes decepciones que viví con esas experiencias. Algunas veces me llevaba dos o tres días recuperarme de esas impresiones. Fue principalmente por esto que entendí que el proceso de adopción es mucho mejor para los matrimonios porque haber pasado todo esto yo sola, fue muy agotador emocionalmente. Sí, la familia y las amistades están pendientes y preguntan por el proceso, pero los días de tristeza y profunda decepción, los viví solita.

El ambiente es hostil por parte de las autoridades para quienes queremos un niño. Aplican muchos exámenes psicológicos con el fin de tratar en determinar por qué y para qué queremos al niño, ya que existen abusos de toda índole y el modo de ellos de tratar a los solicitantes es como *sospechosos*. Pagamos justos por pecadores. ¡Cómo hacerles entender que una quiere ser mamá!

En octubre de 2014, logré los años de servicio requeridos en el IMSS y obtuve la jubilación con lo que la Institución me entregó emotivos reconocimientos que conservo con mucho cariño.

Ese hecho, coincidió con que el inquilino de aquella casa que había comprado, la desocupó y pensé en ir a vivirla, que para eso la adquirí. Empaqué mis cosas.

Justo había terminado de empacar, mi amiga Jacky me informó de una cita con el dueño de un prestigiado hotel en Santa Fé, pues requería de un auditor. Fui a la entrevista de trabajo sólo por atender la amabilidad de mi amiga, porque me iría en breve ¡tenia todo empacado! Pero durante la conversación me gustó el reto y más me gustó el sueldo. Así es que decidí quedarme.

Yo representaba al dueño puesto que él vivía en Miami, EE.UU.

A siete u ocho meses de intensas jornadas de trabajo, en otra revisión ginecológica de rutina, mi médico detectó con ayuda de los estudios correspondientes, unas bolitas en mi seno derecho lo suficientemente grandes para que "por protocolo" me diera pase al Oncólogo. Dijo que no veía nada de qué preocuparse, pero que ese era el procedimiento; así es que atendí sus instrucciones y fui.

Saqué la cita y allí estuve puntual. Durante esos días no me inmuté al respecto, pero al estar en la ante sala de espera del Oncólogo, reflexioné: *esto es un aviso*. Recapacité que en el último año había subido más de 12 kilos debido a que al detenerse el embarazo, absorbí toda la gran cantidad de hormonas que tomé y que me inyectaron. En total llegué a tener más de 14 kilos de sobrepeso.

Saliendo del consultorio del Oncólogo, quien confirmó que no era algo maligno, decidí que debía recuperar mi peso correcto y mejorar mi salud sustancialmente. Opté por alimentación naturista bajo la supervisión de un médico.

En el Hotel, logré el objetivo de detectar fugas de dinero y varios errores en los cálculos. Los administradores estaban muy enfadados conmigo, porque el dueño de inmediato vino de Miami y convocó a junta. Aunque intentaban disimular su enojo conmigo, no podían. Me hicieron un par de groserías, pero, pues, son *gajes del oficio*.

Cumplido el principal objetivo laboral, di las gracias para atender mi salud.

Y logré la meta: bajé 12 kilos en 11 meses. Hacía ejercicio regularmente, por tres meses entrené en *BSM Training* y me súper encantó porque era alto rendimiento, no faltaba ni un día. Después pasé a otro gimnasio.

Me propuse llegar a los 50 años en plena condición de salud y así lo hice. El día de mi cumpleaños a las 7 de la mañana estuve en el bulevar de Chetumal, corriendo tres kilómetros y medio y sólo era el principio. Sigo atendiendo el ejercicio regularmente y visito frecuentemente al médico naturista, me gusta comer sano. Claro que en algunas ocasiones disfruto de otros platillos.

También, como parte de mi proceso de recuperación integral, asistí a la experiencia espiritual que brinda el grupo Fraternidad, Libertad y Esperanza de 4° y 5° Paso en la Ciudad de México, siendo positivo el resultado para mí.

Muchas emociones y sensaciones; que para eso es la vida.

Capítulo 4

Resiliencia

¿Qué es la resiliencia según el diccionario?

"La palabra resiliencia se refiere a la capacidad de sobreponerse a momentos críticos y adaptarse luego de experimentar alguna situación inusual e inesperada. También indica volver a la normalidad. Es un término que deriva del verbo en latín resilio, resilire, que significa: saltar hacia atrás, rebotar"[1]

"La palabra resiliencia, tiene sus primeras aplicaciones en el área de la física y la química. En la física, la resiliencia es la propiedad de un material que permite que recupere su forma o posición original después de ser sometido a una fuerza de doblado, estiramiento o compresión".[2]

En el campo de la biología se empezó a utilizar este término para definir la forma en que se recupera un ecosistema después de haber sido expuesto a muchos cambios, como por ejemplo, sequías, inundaciones, invasiones repentinas de insectos, huracanes, tsunamis, o por las llamadas antropogénicas (que provienen del ser humano y tiene efectos sobre la naturaleza), como pueden ser: introducción de especies animales o plantas de otra región, fuego, deforestación.

En la Psicología, la resiliencia es la capacidad de una persona de sobreponerse ante alguna situación traumática, que le haya causado heridas dolorosas, ya sea accidentes, muertes, la pérdida de una persona amada, de una parte de su cuerpo. Con ello se indica que una persona pueda regresar a su estado emocional anterior con facilidad.

Todas las personas podemos ser resilientes, aunque ciertamente hay quienes increíblemente se sobreponen a las adversidades de la vida con

---

[1] http://www.significados.com 15 de marzo de 2021

[2] http://www.areatecnologia.com 15 de marzo de 2021

muchísima facilidad; tienen la mentalidad de que las cosas se toman en el momento y hay que seguir la vida con lo que hay, sin lamentarse. Están conscientes de que todo tiene su lado positivo y su lado negativo. Por alguna razón poseen el temple necesario para superar cualquier obstáculo.

Por otra parte, muchas personas en algún momento de su vida explotan de tanto acumular sus sentimientos, por no darles la importancia debida en su momento. Es decir, creen ser resilientes, pero en realidad, esconden su dolor en el subconsciente, siguiendo su vida como si nada perturbador o doloroso les hubiera ocurrido, y tarde o temprano afloran haciendo más difícil lidiar con todo al mismo tiempo.

Por ello es importante ser honesto con uno mismo. Siempre es mejor vivir esos sentimientos en el momento o lo más pronto posible, para que no se vayan acumulando.

A la mayoría de las personas nos cuesta un poco más de esfuerzo y tiempo expresar nuestras emociones, según las experiencias y las circunstancias en que nos encontremos.

Universalmente es sabido que la muerte de un hijo es el dolor más grande que un ser humano pueda experimentar y ante tal situación es de esperar que el nivel de resiliencia sea menor.

Algunas personas pueden ser muy resilientes ante el extravío de un instrumento musical por ejemplo, y, para otras, les representa una pérdida tan dolorosa que su resiliencia es casi nula.

Este ejemplo aplica tanto si la pérdida es de personas, de objetos, o de situaciones subjetivas como el estatus social o profesional.

No todos reaccionamos de la misma forma ante situaciones similares.

Lo importante es aprender a ser resiliente; saber que hay mecanismos para incrementar tu propio nivel y salir adelante de situaciones difíciles, muchas veces inesperadas.

Actualmente ya están disponibles muchos textos, libros y manuales respecto a este tema, aportando ejemplos muy claros.

En mi experiencia, el camino en la espiritualidad ayuda fuertemente a elevar el nivel de resiliencia.

Te invito a que veas o escuches el siguiente video:

Capítulo 5

Lo que el tiempo no borra

¿El tiempo lo borra todo?

¿A qué te refieres? ¿A La pena por la pérdida de alguien en tu vida? ¿A darte cuenta con pesar que el Plan A que alimentabas, no funcionó como deseaste?

La respuesta es no. No lo borra todo.

Es necesario aceptar que todo lo que nos ha sucedido, ya forma parte de nuestra vida y que por muy doloroso que sea, nada lo podrá borrar.

Cuando vengan a tu mente los recuerdos dañinos, déjalos pasar ocupándote en pensamientos y acciones gratificantes para que ya no te hieran. Tratar de borrarlos de la memoria implica el mismo esfuerzo para la mente.

Con el paso del tiempo, primero los recuerdos y después el dolor, se irán "disolviendo" y entremezclando con los nuevos acontecimientos y dilemas especiales de cada día, porque cada uno tiene su propio propósito. Podrás superarlos si tú te lo propones, porque será tu voluntad de olvidar, lo que funciona.

Cada día te traerá nuevas experiencias que, sin darte cuenta empezarán a formar tu nuevo plan. En ese nuevo plan, tú tendrás el cuidado de incluir actividades que también te gusten, nutran y fortifiquen. Eventos, asuntos, deseos y sueños que habías estado posponiendo y que la vida te dará la maravillosa oportunidad de hacerlas y ya no dejarlas para luego, porque ese luego, habrá llegado.

¿Cuánto tiempo debe pasar para que se borre?

Mira, las relaciones terminan cuando se acaban. No terminan antes. Ni siquiera un segundo antes: se terminan cuando se acaban. Sea cualquiera que sea el tipo de relación: Profesional, familiar, de amistad o de pareja.

Las relaciones que no te están satisfaciendo son las que deseas darles la vuelta o por lo menos buscarles otra versión o terminarlas. Dedícales el tiempo que tu corazón te pida, pero no más.

Practica la guerra espiritual con tranquilidad y encontrarás la respuesta de hacia dónde moverte **y cuándo**, así como lo planteo en el capítulo 6.

¿Quieres que el tiempo lo borre?

¿Y para qué fueron tantas lágrimas? ¿Para qué fueron las angustias, los mantras, los rezos, las pláticas de café con los amigos?

No. No quieras borrarlos del todo. Mejor busca que ya no te hagan daño, pero es mejor haberlos conocido porque gracias a eso somos capaces de hacer las cosas que estamos haciendo. Las respuestas están dentro de nosotros mismos; haz la pregunta y tendrás la respuesta. Estamos evolucionando y cada uno de nosotros, los seres humanos, tenemos diferente grado de evolución y de conciencia. Sigue adelante. Aprende a leer los mensajes de tu mente, los de tu corazón y los de tu estómago.

Sé que los momentos de aflicción queremos sacarlos de nuestras vidas, es más, no sólo sacarlos, sino que deseamos borrar todo dolor de la faz de la tierra. Pero no es posible deshacer lo qué pasó hace 5 minutos, sean calumnias, injusticias o el ridículo que hicimos. Y mucho menos lo que haya pasado hace 7, 15 o 30 años. Imposible.

El tiempo sí puede borrar el dolor, con paciencia y perseverancia en el acto de cambiar. El tiempo ayuda, pero definitivamente es tu deseo de hacer algo distinto lo que hará moverte hacia otra dirección, y lo sabes, porque desde el mismo centro de tu corazón, deseas situaciones diferentes a las que estás viviendo; así sea una variante de lo que hay en tu vida, la vislumbras diferente y eso es lo que te moverá; recuerda, ya lo tenemos en nuestro YO.

No te quedes donde estás si reconoces que no es lo que quieres para ti, busca hacia dónde mirar, allí donde tu intuición te guía.

En este capítulo, quiero agradecer de manera muy especial:

A toda mi familia por ser amorosa.

A Luis Victoria Vera por todo.

A mis amigas: Lorena Canto, Guadalupe Angulo, Rosy Álvarez, Anita Bizarro, Dulce Garrido, Lucero López, Pilar Lozano, Cecilia Bravo, Dominga Faviel, Silvia Cruz, Jacky Cancino, Rosy Montaño, Elba Rangel, Lorena Puc, Juanita Rodríguez, Tere Díaz; por su amor y apoyo en todo momento que les he necesitado.

A Alejandro Razo, Agustín Miranda, Luciano Sánchez y por supuesto a Jaime Segura López q.e.p.d., por sus propuestas de matrimonio, por haber deseado compartir sus días conmigo. Lo agradezco con todo mi ser.

A Gabriel Medina, Ángel Viveros, René Carrillo, Anthony Buller, Guillermo Sandoval y Edgar García Campos q.e.p.d. por sus presencias en mi vida

También agradezco:

A Miguel Herrera y a Enrique Rodríguez por no haber sido correspondida en mi amor a ellos y conocer "el otro lado de la moneda".

Así también a muchas amigas y amigos que han alegrado tantos de mis días.

61

Capítulo 6

En busca de la Paz Espiritual Interior en un nuevo plan

¿Qué es una guerra espiritual?

La guerra espiritual es la que vamos a realizar dentro de nosotros mismos. Nos vamos a ayudar con un cuarto donde estemos solos, y que podamos cerrarlo ya que esa representación física nos ayudará a que lo logremos en nuestro interior.

Revisar lo que hay en nuestro interior generalmente no es agradable.

Quienes lo hemos realizado sabemos lo triste y hasta doloroso que puede ser revisar nuestros sentimientos, porque nos encontramos con cosas que ya no recordábamos, pero que están allí.

Cerrar nuestro interior para revisar los sentimientos, requiere ponernos en silencio, dejar de hablar, y situarnos en el presente.

Leer algún pasaje Bíblico, un libro de oraciones o mantra de tu interés, es muy útil.

Recordemos que en el primer capítulo platiqué de cómo me ubico en el presente: poner atención a los sonidos de alrededor; agudizar el oído para ir captando hasta el sonido más débil. El resto de mi cuerpo pierde tensión.

Si siento necesario encender una veladora o un sirio, lo hago. Soy libre de poner la comodidad necesaria para mi bienestar, como luz tenue o totalmente apagada, almohadas, música suave de violín o piano e incluso alabanzas a Dios. Aún y cuando logre sentirme relajada y con una sensación placentera, no me quedo en este nivel. Sí, está bien, pero no es suficiente. Sigo avanzando en permanecer en el presente y descubro que:

1. Mi cuero cabelludo se relaja

2. Mis hombros también

3. Mi estómago se deshincha

4. Mis piernas y pies ya no pesan

5. Mis caderas ceden a su rigidez

6. Me siento más ligera

7. Mi respiración es más profunda y lenta a la vez

Justamente es aquí en este punto donde se avanza a un nivel más profundo de esa guerra espiritual que transforma al YO.

Conectamos con Dios en el momento en que menos una lo imagina. Hay que dejarlo llegar. Sin miedo. Se siente el gozo inenarrable de su presencia.

Hay que aspirar con fuerza la mayor parte posible de aire, para sentir dentro de uno esa energía que se acerca.

Algunas veces esa conexión dura varios minutos, otras es sólo un instante. Se inicia la comunicación ya que es un proceso, en el que una puede decir lo que guste, incluso reclamar. Y muchas otras veces, se recibe la respuesta.

Hay que confiar en la percepción sensorial y soltarse.

Me abandono a ese Ser maravilloso que acepto como un superior a mí, que me ayuda a entender mi existencia y hacia dónde voy.

¡Lo siento! ¡Lo vivo!

¿Funciona para todos?

Perfectamente funciona para todos, Dios nos quiere libres y unidos al mismo tiempo, sonriendo y a veces llorando, corriendo y a veces sentados, porque los sentimientos son parte de nuestro ser y son para ocuparlos en el momento que sea necesario. El ondular suavemente entre cada uno de ellos es lo que va haciendo la cadencia de la vida. Disfrutar de la miel, después de haber experimentado la amargura del limón, pero también saber que después del amargo limón, hallaremos, sin lugar a dudas, la suave miel. Porque esa miel es producto de la sensación profunda de querer ser mejor, de mejorar nuestro entorno.

Una conocida mía, de origen oriental y que practica la filosofía Budista, en alguna ocasión me dijo que a ellos les queda claro que *no todos los 365 días del año son nublados, el sol va a salir de nuevo.* Estoy de acuerdo con ello, los días difíciles, por muy dolorosos que sean, pasarán.

En la vida, mientras esté el mal tiempo, es necesario ir al cuarto de guerra tantas veces como quiero y deseo. Mientras más veces mejor. Cerrarlo y hacer la propia guerra espiritual. Regreso a mi cuarto de guerra espiritual, es decir, dentro de mí misma.

Por supuesto que los métodos para conseguir la Paz y la Armonía, son infinitos. Descubre el tuyo y practícalo constantemente.

Les invito a escuchar el siguiente audio, relativo a la Paz Interior de la página MOTIVANDO.

¿Hay algún testimonio?

De alguna manera u otra, Dios se manifiesta en nosotros. Compartiré mi testimonio:

Después de la difícil decisión de posponer el deseo de tener un hijo, caí en una depresión muy profunda. No tenía ganas de nada. En dos semanas perdí ánimo por todo, las ganas de salir, de hablar con alguien, de vestirme, de comer...

Vivía en una zona residencial muy bonita con vista al bosque del Desierto de los Leones, a las afueras de la Ciudad de México, tenía una camioneta relativamente nueva que había comprado cuando me embaracé; la bendición de un ingreso mensual por mi jubilación, así como también ya gozaba de todo el tiempo del día para realizar cualquier actividad que yo quisiera, pero nada me alegraba el día, ni siquiera una sonrisa podía yo gesticular.

Al segundo fin de semana estaba yo al límite. Recuerdo que el domingo cerca del medio día me llamó por interfon el guardia de seguridad del residencial, y preguntó cómo me sentía, que si estaba bien; le respondí que sí y me dijo:

—Disculpe señora, me preocupé porque ya hoy son cuatro días que usted no sale.

Ni siquiera había yo notado el paso del tiempo, pero para mí fue lo mismo. Regresé a acostarme al sofá.

Un rato después, algo pasó que de repente sentí la fuerte necesidad de ir a la parroquia; a atender la misa. Me fui a cambiar de ropa; ni me bañé porque ya eran cerca de las siete de la noche, hora de la misa los domingos allí en mi colonia. El deseo de llegar a tiempo hizo que me pusiera lo primero que encontré y salí directo para allá. Estuve puntual.

Empezó la misa y creo que por primera vez puse atención a cada una de las palabras de la ceremonia por completo. A toda la hermosa comunicación de intercambio que se da en ese ritual con el cual me identifico. Fue maravilloso, mis sentimientos empezaron a tener sentido, por mínimos que pudieran parecer. La mecha ya estaba encendida. De allí en adelante, tomé la mano de Dios y le pedí encarecidamente que no me soltara nunca más. Lloré. Lloré de rodillas sintiendo alivio. Tuve una experiencia espiritual con ese gozo que invadió mi ser por completo. Ese gozo infla mi pecho cada vez que lo siento y es lo mejor que me pasa en la vida. Ninguna felicidad puede ser tan emotiva como esa conexión.

Al finalizar la misa, el sacerdote recordó del Retiro Espiritual que se llevaría a cabo el siguiente fin de semana. Esa noticia me llegó directo al corazón. Las cosas empezaron a recobrar su color; el manto que me nublaba la vista, la mente y el corazón, se desvaneció y fue sustituido por el deseo de vivir esa experiencia del retiro, de seguir sintiendo ese gozo en mi ser.

En el inter, puse en práctica mi guerra espiritual que aprendí y pude continuar con el desahogo emocional que tanto necesitaba por esos días ya que lloré mucho, pero el resultado fue satisfactorio.

El retiro superó mis expectativas. Los dos días trajeron para mí experiencias nuevas que no imaginaba. En algunos momentos volvía a sentir cómo mi pecho se hinchaba queriendo absorber lo más que se pudiera de esa sensación de paz que sólo Dios da.

Al finalizar, el Padre pidió nuestra participación cercana y activa, en cualquiera de las diferentes actividades que ofrecía en su Parroquia.

Me incorporé con el Grupo de Pastoral, así es que asistía todos los domingos de 9 a 11 donde recibí lecciones de los Evangelios y conocí más la vida de Jesucristo; después de cada sesión, apoyábamos en la misa de 11 con las lecturas. No faltaba ningún domingo, de hecho iba con alegría, lo disfrutaba muchísimo y aprendí aún más. Todas las lecciones eran para mí, abrir cada vez más los ojos, mis sentidos y sobre todo mi conciencia. Esto fue por año y medio.

Conocer a Jesucristo ha sido lo mejor de mi vida y estoy segura que de la tuya también lo puede ser, en el caso de que aún no lo conozcas. Independientemente de cualquier creencia que tengas, yo te invito a que conozcas a Jesús. No estoy hablando de religión, sino de conocer su vida y su obra.

Hoy, te puedo asegurar, querido lector, que Jesús me rescató de la profunda depresión.

Por supuesto que las fuerzas también me motivaron a hacer las acciones necesarias y suficientes para estar en armonía en espíritu, mente y cuerpo.

Retomé el ejercicio con la seriedad que se debe, entendiendo que el cuerpo físico funciona mejor con ello. Además acudí con un psicólogo que para suerte mía, a la segunda sesión me dijo que también era psiquiatra y me recetó un antidepresivo que tomé alrededor de seis o siete meses. Acudía con él cada dos semanas para la sesión Psicológica, por aproximadamente 3 meses.

El tratamiento concluyó. El médico había ido disminuyendo poco a poco la dosis y finalmente me dio de alta.

Posteriormente, por diversas razones cambié de domicilio y de inmediato me acerqué a una parroquia con el fin de integrarme en alguna de las actividades que ofrecen.

Nuevamente tuve toda la suerte de que el padre anunciara actividades para participar y que el siguiente martes iniciaría el Taller de Oración y Vida del Padre Ignacio Larrañaga ¡Oh Dios! ¡Qué experiencias tan maravillosas y únicas he experimentado con esas charlas! No me canso de ellas. Es tal la paz que este método transmite, que la organización ha ido creciendo y actualmente ya tiene presencia en más de 40 países del mundo. Regidos por los Estatutos Internos de la base legal interna. Misma que ha sido aprobada por las regulaciones respectivas. No es un grupo "casero".

No pude resistir el deseo de ser parte de las Guías que imparten esos Talleres. Cada encuentro, semana a semana, experimentaba ese gozo del que ya he hablado. Increíble, lo sé. Pero sólo deseaba vivir la Sagrada media hora diaria. Y por supuesto, regresar a la siguiente semana y conocer más y más de este programa.

Por ello al terminar ese taller, llené mi solicitud para ingresar a la Escuela de Preparación para Guías, a las que asistí durante un año. No faltaba. Lo disfrutaba muchísimo.

Al final, después de una misa muy emotiva de lanzamiento, obtuve la certificación. Soy Guía de los Talleres de Oración y Vida del Padre Ignacio Larrañaga con mucho orgullo. www.tovpil.org

Algunas veces, al finalizar la sagrada media hora diaria, siento el llamado en mi interior de hacer la guerra espiritual y cierro el cuarto. Actualmente incluyo El Rosario o Coronilla a San José

Tú, querido lector, ¿tienes algún testimonio?

Capítulo 7

Dejando el Plan A...

¿Cómo comienzas con los nuevos planes?

Para comenzar con un nuevo plan, es necesario ir cerrando el Plan A con tranquilidad, realizando un balance razonado de los logros obtenidos y de los que falte conseguir.

Tener presente cuáles fueron las circunstancias que ayudaron a los resultados, permite una visión más clara de cómo caminar hacia el nuevo plan, y aunque no proporciona seguridad al 100%, sí son una base sólida donde apoyarte con toda la experiencia obtenida y avanzar siempre. Es lo mejor para no estancarse.

Por el logro o logros obtenidos en tu plan A, se debe dar gracias a Dios, así como también cuidarlos y darles buen uso para ti y los que te rodean.

Para los logros aún no obtenidos, el análisis es más profundo y pormenorizado. Se deben filtrar y decidir si de alguno de ellos, aún quieres hacer un esfuerzo aún mayor e incluirlo en el nuevo, pero que sea algo que verdaderamente te vaya a dar valor. El análisis debe ser más profundo para tratar de que tu nuevo plan no tenga condiciones similares y rehagas algo parecido. Créeme, vale la pena que el proceso conlleve sinceridad para contigo e indagar cuáles fueron las circunstancias que no permitieron el logro. Por ejemplo: muchas personas estudian una carrera para satisfacer a sus padres o se casan con determinada persona por el mismo motivo. Viven en un lugar que no les gusta simplemente porque allí nacieron o se dedican a cierta actividad por seguir la tradición familiar, todo ello lo convierten en Plan A. En estos casos, las preguntas generalmente son: ¿qué estoy haciendo con mi vida?, ¿hacia dónde voy?, ¿en realidad me llena esto de satisfacción?

Casi todos llegamos a ese punto y nos hacemos ese tipo de preguntas. Unos antes que otros. Es tiempo de redireccionar el rumbo, elaborar tu nuevo plan con infinitas posibilidades de hacer todo lo que te gusta y llena de satisfacción. Y si es algo que aún no sabes cómo te hará sentir, pero te ilusiona querer hacerlo, pues ¡hazlo! ¡inclúyelo y traza la ruta para llegar a ello!

Este planteamiento en tu vida, este cambio hacia un nuevo plan, este dejar tu Plan A, puede que te de la sensación de inseguridad. Por eso, es bien importante que cuando hagas el análisis, las desventajas debas verlas junto con las sensaciones que te produjeron en su momento, con ello estarás más consciente de qué es lo que puedes cambiar desde dentro de ti. Requerirás tiempo para hacer los ajustes que sean necesarios en ti, para tomar las riendas de las responsabilidades que sean tuyas de ese Plan A que estás dejando, no desesperes.

Los amigos y la familia más cercana, realizan un papel muy importante en este proceso, acércate a ellos si así lo deseas o lo consideras prudente; diles que estás pasando por un momento difícil en tu vida y de transición hacia un nuevo plan, que les necesitarás. Seguro lo entenderán y estarán pendientes de lo que se te pueda ofrecer en cualquier momento.

Pero recuerda que la ayuda psicológica de un especialista es igual de importante, ya que saben de las reacciones que puedan surgir en este tipo de procesos y tienen las herramientas para encausarte; recuerda que ellos trabajan con estas situaciones todos los días.

Existe toda una gama de apoyo profesional incluso por línea telefónica gratuita y varias con servicio las 24 horas del día. Por favor, no dudes en pedir ayuda profesional y de expresarles tu sentir sin pena alguna.

En México, la atención Psicológica telefónica gratuita y continua al público en general, la proporcionan, entre otras, las siguientes organizaciones:

✓ Consejería **SAPTEL**

555 259 8121
800 472 7835

Horario: 24 hrs. Los 365 días

Web: http://saptel.org.mx

Twitter: @saptelcrlyc

Facebook: @saptel

✓   Línea de ayuda **LOCATEL**

555 658 1111

Chat: Locatel Chat

Horario: 24 hrs. Los 365 días

Web: http://locatel.cdmx.gob.mx

E-mail: redes_sociales@locatel.df.gob.mx

Twitter: @locatel_mx

Facebook: @locatelmx

✓   Call Center **UNAM**

555 025 0855

Horario: 08:00 a 18:00 (lunes a viernes)

Web: /CallCenterUNAM_psico - https://cutt.ly/SbJAftx

Twitter: @CallCenterUNAM

Facebook: fb.CAllCenterUNAM

Estas organizaciones ofrecen servicios de terapia psicológica a distancia facilitada por Psicólogos Certificados con gran ayuda para dejar el plan A.

¿Cuáles son los pasos básicos para lograrlo?

El nuevo plan de vida debes ubicarlo en tu mente y tener una visión bien clara de qué es lo que quieres lograr, ya que mientras más clara sea, más certeros serán los pasos que irás dando hacia la consumación del plan, con la circunstancia que le rodee, el modo, el lugar y el tiempo. Por ello el segundo paso es que definas el plazo dentro del cual quieres lograrlo. Ese plazo generalmente se ubica entre 2, 5, 10 o hasta 15 años; dependerá de tus metas. Sabes que para ello irás dando pasos para dejar el Plan A. Entonces, viene el tercer paso, porque será importante que tomes lápiz y cuaderno para que plasmes cada uno de esos plazos y más o menos les pongas tiempos intermedios a cada uno de ellos dentro del periodo para lograr tu nuevo plan de vida. Les llamarás metas a mediano y corto plazo e incluso los puedes enumerar.

Cualesquiera que sean tus nuevos planes: económico, personal, profesional o espiritual, cada nuevo plan debe ser revisado periódicamente, darles seguimiento. Sobre todo si incluye más de un aspecto.

Para armonizarte, es importante que consideres aspectos que te gusten y llenen de vida, tales como culturales, pasatiempos, distracciones, servicios a otras personas, entre otros. Puede haber alguna parte rescatable del Plan A que puedas incluir en tu nuevo plan.

También puedes pegar en una cartulina una serie de recortes de revistas que representen todo aquello que estás visualizando lograr en tu nuevo plan.

En lo individual, me considero una persona limpia y ordenada y estoy segura que una manera de empezar un nuevo plan es poner orden en tus cosas. Empieza por tus cajones, tanto de tu cuarto como de tu cocina; deshazte de lo que no utilices y de todo aquello que ya no quieras de tu Plan A; es importante que cuando realices esta limpieza, prestes atención a tus sensaciones en tu corazón y en tu estómago. Ya que hayas decidido, da las gracias a esos artículos y retíralos de tu vida. Créeme, ayuda mucho.

¿Cómo sé que en realidad el plan que escogí es el adecuado para mí?

Lo sabrás de inmediato porque al pensar en ello no podrás ocultar tu felicidad con una bella sonrisa, así mismo, tu mirada tranquila y dichosa se elevará hacia el infinito.

¡Ya estás con la preparación completa! ¡Allí lo tienes!

Lo siguiente es dar los pasos sin correr. Tampoco te montes en una tortuga. *Ve sin prisa, pero sin pausa.* Todos los días, sea el plan que sea.

¿Cuál es tu nuevo plan?

    A. "~~Plan A~~" (este ya no).

    B. Puede ser un nuevo empleo,

C.   Un nuevo lugar dónde vivir,

D.   Nuevas amistades,

E.   Tocar un instrumento,

F.   Estudiar otra carrera o una especialidad en la que ya tienes,

G.   Ejercicio físico,

H.   Otro tipo de alimentación,

I.   Cambiar de ciudad de residencia,

J.   Tener acercamiento con familiares que ya no has visitado,

K.   Atender y gozar tu sexualidad,

L.   ...

M.   ...

N.   Hacer lo que has querido y no has hecho ¡Hazlo ya! Ya no lo pospongas.

O.   ...

P.   ...

Q.   Decir lo que has querido y no has dicho ¡Dilo ya!

R.   ...

S.   ...

T.   ...

U.   Saborear, tocar, sentir lo que has querido y que no has saboreado, tocado ni sentido ¡Tócalo, siéntelo y saboréalo ya!

V.   ...

W.   ...

X.   ...

Y.   Intentar tener otra pareja, a pesar de lo vivido con anterioridad ¡Hazlo!

Z.   ...

Y si la lista es larga y se terminan las letras del alfabeto latino para enlistar los nuevos planes que tienes en mente, pues tomas las veinticuatro letras del alfabeto griego y sigues con tu lista, no te limites, abre tu mente y tu corazón y saca todas las posibilidades. Dios o el Universo, como tú lo quieras llamar, irá iluminando el nuevo plan, si es para ti. Solo recuerda, no corras: *sin pausa, pero sin prisa.*

Y si también se terminan esas letras y aún tienes ganas de hacer más cosas, pues agárrate de cada una de las estrellas del firmamento y renómbralas con el de cada uno de tus sueños. Las posibilidades son infinitas.

Toma en consideración que, si bien puedes aumentar esa lista ilimitadamente, Dios iluminará el plan que sí es bueno para ti en un desarrollo pleno y armónico.

Pronto tendrás tu nuevo plan con todas esas actividades que llenarán cada uno de tus días. Y en el momento que desees hacer un cambio a este nuevo plan, pues vuelves a empezar con tu lista así como ya lo hicimos. Nuevo plan: enlistas metas, acomodas actividades, visitas al especialista... ¡saldrá un nuevo plan cada vez que lo necesites! Y repítete:

Nuevo plan: Conocerás criaturas que te encantarán y quizá luego te desencantarán.

Nuevo Plan: Aprendes y desaprendes.

Nuevo plan: Evolucionas.

Ten presente que sólo Dios permanece.

La vida sigue y es importante estar pendiente de los tiempos y oportunidades que se presentan y, si sigues tu propio camino, sabrás tu propia verdad.

No desestimes a tu intuición. Está dentro de ti: el amor que hay dentro de cada YO.

Agradecimiento

A mi Padre Dios

A mi Señor Jesucristo

Diversos

"¡Oh Dios!

Si Te adorase por miedo al Infierno, quémame en el Infierno;

Si Te adorara esperando el Paraíso, exclúyeme de él.

Pero si Te adorara por Ti Mismo, no me niegues Tu eterna belleza."

Rabia Al-Adawiya

Santa musulmana y mística Sufí,
Nacida en Irak en el Siglo VIII, fue esclava una parte de su juventud.

Oración dedicada a Alá [3]

---

[3] https://es.wikipedia.org/wiki/Rabia_al_Adawiyya 14 de mayo de 2021.

Ubicándose en los más vendido de Amazon en sus dos categorías:

Relaciones Disfuncionales

Meditación

amazon.com.mx
prime
Enviar a Lucía
Ciudad De... 02710
Tienda Kindle
Hola Lucía
Cuenta y Listas
Devoluciones
y Pedidos
Carrito
Todo   Vender   Los Más Vendidos   Últimas Novedades   eBooks de Kindle   Tarjetas de regalo   Libros
prime video   Series y películas | Incluido con Prime
eBooks Kindle   Kindle Unlimited   Ofertas   Los más vendidos   Comprar un Kindle   eBooks en inglés
Los más vendidos de Amazon
Nuestros productos más populares respecto a ventas. Actualizado cada hora.
Cualquier departamento
Tienda Kindle
eBooks Kindle
Religión
New Age
Adivinación
Astrología
Canalización
Curación Mental y
Espiritual
Diosas
Meditación
Misticismo
Nuevo Pensamiento
Reencarnación
Referencia
Sueños
Los más vendidos en Adivinación New Age Meditación
Top 100 pagados   Top 100 gratis
#1
#2
kindleunlimited
Sin
Plan A
JOE DISPENZA
Sobrenatural
Sin Plan A: El poder de un nuevo plan en la vida
Lucía Medina
17
Edición Kindle
Sobrenatural: Gente corriente haciendo cosas...
Joe Dispenza
705
Edición Kindle

INFORMACIÓN EN MI
PÁGINA DE AUTOR
EN AMAZON.COM

Actualizaciones de autor

Libros de Lucia Medina

Todos los formatos   **Edición Kindle**

Sin Plan A: El poder de un nuevo plan en la vida 17/05/2021

por Lucia Medina

☆☆☆☆☆ (17)

$39.98

Sin Plan A, invita a no rendirse en la búsqueda de opciones para un cambio significativo en la existencia, trazando un nuevo plan, justo ése que deseas en tu vida

˅ Leer más

Mi Sol

Y el sol nació,
en la noche más oscura del corazón.
Se sentó a mi lado.
Mi rostro iluminó.

El sol tenía una sonrisa
en sus labios,
y sus labios besaron mi frente.
Me abrazó fuerte.
En su ternura sentí su calor.

Tú eres mi sol.
Tú eres la luz y el amor.
La mañana. La calma.
La alegría de mi alma.

Entró el sol por mi ventana,
me despertó con una canción.
Me recosté en su pecho.
Sobresaltó mi alma.
Besó mi frente.

Su paz me dio confianza,
su presencia esperanza,
porque mi sol tiene alas,
tiene vida
y tiene amor.[4]

---

[4] Poema: Mi Sol. Poemas Un Canto del Alma. Nancy Minerva Cuesta.

Créditos

- Cubierta y contracubierta:
  Alejandra Pérez Chan
  ilustradora
  keeler.ap@gmail.com

- Fotos internas:
  Andrea Villegas
  Publicista
  Comercial@imagenesyproyectos.com

- Foto contracubierta:
  Jofe Briceño Lara
  Fotógrafo
  Jofe387@hotmail.COM

- Vestuario:
  Leticia Rivero Rodríguez

- Maquillaje:
  Erika Sosa Canul
  Maquillista
  erikasosacanul@hotmail.com

Libros que recomiendo para complementar estos temas son:

- **RESILIENCIA POR ACCIDENTE:** Historia real de un milagro después de la tragedia.
María Luisa Perrone.

- **La magia de no volverte a ver: ama, protege tu ser.**
Ilda Velásquez Muñoz.

- **Sube Conmigo.**
Ignacio Larrañaga.

- **Salmos para la Vida.**
Ignacio Larrañaga.

- **El silencio de María.**
Ignacio Larrañaga.

Sin Plan A

El poder de un nuevo plan en la vida

México
2021
Primera edición
Español

ISBN: 9798459870084

Lucía Medina

Este es un libro inteligente, porque: **1)** a través de mi correo electrónico, puedes tener contacto directo conmigo; **2)** podrás acceder a mi Fanpage de Facebook y conocerme más. **3)** tendrás acceso directo a audios y videos relacionados con los temas de cada capítulo a través de los códigos QR.

Enlaces para contacto con Lucía Medina

Lucía Medina - Facebook

Correo electrónico:
luciamedinaescritora@gmail.com

Gracias por comprar este libro.

www.ingramcontent.com/pod-product-compliance
Lightning Source LLC
Chambersburg PA
CBHW031418250726
48656CB00002B/722

9798459870084